事件類型別

依頼者対応の勘所
選ばれる弁護士になるために

官澤綜合法律事務所所長／東北大学法科大学院教授
弁護士 官澤里美

第一法規

はじめに

　弁護士は、仕事を継続する限り、法律の改正や新しい立法のフォロー、新しい判例のフォローと、様々な勉強や研鑽を継続しなければなりません。さらに、最近は弁護士数も増えており、事務所の経営維持のためには広告や営業も考えなければなりません。以前に比べれば大変な時代になってきています。

　このような勉強や経営は決して楽ではありませんが、弁護士という仕事が、身に付けた知識や技能を駆使して依頼者の悩みを解決して喜んでもらえる、その上報酬も得られるという、やりがいのある良い仕事であることには変わりありません。

　ただ、依頼者の悩みを解決できた場合でも、種々の理由により依頼者に不満を持たれてしまうと、喜んでもらえるどころかクレームを受けてしまうことになり、せっかくの良い仕事が台無しになってしまいます。

　そのようなことにならないためには、依頼者に満足してもらえる、依頼者に不満を持たれないような依頼者対応が重要となってきます。

　以前、仙台で若手弁護士セミナーを何度か開催し、それをもとに前著『弁護士業務の勘所』を出版したところ、若手の弁護士からは「依頼者対応に悩むことが多いので、次のセミナーでは、困った依頼者にどのように対応したらよいか聞きたい」との声がありました。

　たしかに、弁護士の仕事は、事件の相手方との対応に苦しむこともありますが、むしろ悩み苦しむことが多いのは依頼者との関係…。それにどう対応したらよいのか…。

　しかし、クレーマーがいるのではなく、クレーマーにしていることが大半と言われるように、困った依頼者がいるのではなく、弁護士の対応が、困った依頼者、さらにはクレーマーを生み出していることが多いのです。依頼者を良くするも悪くするも弁護士の対応次第なのです。せっかく来て

くれた依頼者を"困った依頼者"にしてしまわないように、トラブルを起こさないように、むしろファンにしてしまうためにどのように対応するか、が大切なのです。

　ついこの間まで私も若手弁護士のつもりでしたが、すでに弁護士歴は30年を経過しており、受任事件数も3000件を超えています。「人生いろいろ」という歌がありますが、弁護士人生も、事件や依頼者もいろいろでした。
　依頼者の悩みや事件を解決して喜んでもらったことも多いのですが、思うようには解決できなかった事件、解決はしたものの紆余曲折した事件などもあり、ときには依頼者から不満を持たれたりクレームを受けたりしたこともありました。依頼者の不満げな表情やクレームは辛いものでしたが、そのようなことにならないためにはどうしたら良かったのかと、自分の弁護士業務や依頼者対応を見直して改善するきっかけとなりました。
　様々な依頼者の方の苦言や不満、そして感謝で育てられてきたのだと思います。
　このようにして体得してきた依頼者対応の勘所について、本書では「依頼者いろいろ」などのエピソードを交えながらまとめましたので、少しでも参考にしていただければ幸いです。

　　平成28年9月
　　　　官澤綜合法律事務所所長／東北大学法科大学院教授
　　　　　　　　　　　　　　　　　　　　弁護士　官澤里美

目次 **事件類型別 依頼者対応の勘所**

はじめに

目次

I　総論

1　基本は当たり前のことの徹底！ ……………………………………… 2
　1．弁護士への三大クレーム…「応対が横柄」・「処理が遅い」・「報告が無い」　2
　2．夫婦関係も依頼者との関係も「まめな連絡、トラブル防止！」　3
　3．報告書のテンプレート化で依頼者へのまめな報告の習慣化　4
　4．「弁護士は約束を守らない」が常識？「約束は守る」の徹底を！　8

2　電話応対の勘所…依頼者に選ばれるかどうかは電話応対次第！ ……10
　1．電話番号の確実な聞き取り　10
　　ちょっと一言　数字の間違いは致命的ミスに繋がる恐れ！
　　依頼者いわく　自分の住所の番地や送金口座の番号は間違えないで欲しい…
　2．保留の上手な使いこなし　13
　3．速いレスポンスで評判アップ！　14
　　依頼者いわく　実は事務職員の電話応対が良かったので選びました！
　　ちょっと一言　同じ事務所の若手弁護士を○○君と呼ぶのはNG！

3　来所者対応の勘所…このひととき、私はあなただけのもの！ ………19
　1．多くの依頼者には一生に一度の出来事　19
　2．子連れ来所者への配慮　20

　　　　依頼者いろいろ お勧めのドリンクは何ですか？
　　３．念のための暴漢対策　22
　　　　依頼者いろいろ 司法修習生の携帯電話に緊急連絡の依頼者

４　相談申込者の「ファン化」…微差力で勝負！ ………………25
　　１．弁護士や事務所を好きになってもらおう　25
　　２．電話受付時…相談申込者と相手方のフルネームの聞き取り　25
　　３．利益相反と守秘義務のチェックのポイント　26
　　４．相談日時決定と内容概略把握…相談カードの事前記入　30
　　５．相談開始時の注意点…待たせず、始めは　明るく・高く・爽やかに！　30
　　６．相談中の注意点…傾聴し、助言は　やさしく・ゆっくり・わかりやすく！　31
　　７．相談後の対応…可能なら資料を渡し、扉が閉まるまでお見送り　32
　　　　依頼者いろいろ 電話でのフォローが逆効果だった依頼者
　　８．微差力でブランド化　33

５　受任時の勘所 ………………………………………………………35
　　１．見通し等の適切な説明　35
　　　　ちょっと一言 仲人さんのように相談者をワンプッシュ
　　２．相談申込書での確認・登録で後日のトラブル防止　38
　　　　依頼者いろいろ 徳の無い人からの事件の依頼は…
　　３．委任契約書の作成の習慣化　41
　　　　依頼者いろいろ 着手金を値切られたら応じるか？
　　　　依頼者いろいろ 領収書不要と言われたらラッキーか？

６　事件継続中の勘所 …………………………………………………47
　　１．丁寧な仕事を文化に　47
　　　　ちょっと一言 若手弁護士は顧客獲得に不利か？
　　　　依頼者いろいろ 尋問メモを欲しがる依頼者には「下町ロケット」で

2．よく話を聞いてあげる　49

　　依頼者いろいろ　マシンガントークの依頼者

3．気持ちは騙されても、事実は騙されるな　50

　　依頼者いろいろ　綺麗事の依頼者…プライドを守ってあげるに如くは無し！

7　和解に向けての勘所 ……………………………………………53

1．どのような場合に和解を勧めるか　53

2．どのようにして和解を納得してもらうか　54

　　依頼者いろいろ　役員会では相手方代理人のよう…

3．和解は口頭で成立することの事前説明を忘れずに　55

　　依頼者いろいろ　口頭での謝罪無しで依頼者激怒！

8　終了時の勘所…『何事も、大切なのは　別れ方！』………………57

　　依頼者いろいろ　裁判が終わったら反省会をしましょう！は嫌いです

COLUMN　受験生に希望の灯を！
　　　　　…東日本大震災と新司法試験…

Ⅱ　各論・事件類型別の勘所

1　金銭を請求する事件 ……………………………………………68

1．勘所…無いところからは取れない！　68

2．受任時　68

　　(1) 相談カードで基礎情報の取得

　　(2) 事件の見通し説明…回収見込みが最重要！

　　ちょっと一言　不動産競売の無剰余取消しを見落とし冷や汗！

　　依頼者いろいろ　実際の回収金額はゼロでも、経済的利益が大きい場合もある！

3．進行中　73

　　(1) 安易に減額を言うな！

　　(2) 和解のお得さの上手な説明

　　依頼者いろ 弁護士費用は相手方から取って下さい！

　　ちょっと一言 和解の時期を見誤り、1000万円の勝訴判決を得るも回収はゼロ！

4．終了後　77

　　(1) 全額回収の場合

　　(2) 未回収金額が残った場合

5．その他　79

　　(1) 依頼者への今後のための助言

　　(2) やり過ぎの依頼者へのブレーキ

2　金銭を請求される事件　………………………………… 81

1．勘所…依頼者は早く請求から逃れたい！　81

2．受任時　81

　　(1) 着手金以上のメリットを依頼者に与えられるかをチェック

　　(2) 速やかな受任通知の発送

　　依頼者いろ 白いベンツは恐い人？

　　(3) 鉄は熱いうちに打て！

　　(4) 依頼者が複数の場合の注意点

　　(5) 減額報酬への理解を得る

3．進行中　86

　　(1) 生活の大変さへの配慮

　　依頼者いろ「俺は仕事を休んで来ているんだよ！」

　　(2) 弱者が善人とは限らない

　　(3) 違法・不当な行為に巻き込まれるな

4．終了時　89

　　(1) 依頼者に有利な支払時期もある

依頼者いろいろ　現ナマ持参での和解を試みるも相手方拒否
　　（2）取引銀行への差押えの恐さに要注意
　　　依頼者いろいろ　街宣活動も大変です…
　5．いつかは使いたい？　名（迷）反論　92
　　（1）社交儀礼・言葉のあや
　　（2）役員在職を条件とする負担付き贈与
　　（3）代金の支払困難を残金免除の条件とする売買契約
　　（4）私がそのような人間でないことは顕著な事実

3　男女関係をめぐる事件 …………………………………………… 94
　1．勘所…依頼者の感情を上手にコントロール！　94
　2．受任時　95
　　（1）相談カード等の上手な活用
　　　依頼者いろいろ　定年祝いの電話かと思ったら…
　　（2）事実と意思の確認
　　　依頼者いろいろ　絶世の美女と結婚した普通の男性の悲哀
　　（3）依頼者に都合の良い裁判所で手続を
　　　依頼者いろいろ　地元の名士の男女関係のもつれはどこの裁判所で？
　3．進行中　112
　　（1）調停委員や裁判官を味方にする
　　　依頼者いろいろ　依頼者に暴力を振るう夫の言い分
　　（2）嘘は大損！
　　　依頼者いろいろ　依頼者がセイシン病院に入院した？
　　（3）決めどきがあることを依頼者に理解させる
　　　依頼者いろいろ　離婚に応じた方がよいのか迷っています…
　　　ちょっと一言　甘めの見通しで冷や汗…
　　（4）子供のことを第一に
　　　依頼者いろいろ　子供の手紙で浮気相手から父親を連れ戻す

（5）依頼者に手を出すな

　4．終了後　120

　　　（1）離婚後の戸籍に注意！

　　　依頼者いろいろ　婚姻中の氏を使わせたくない！

　　　（2）財産分与あれこれ

　　　依頼者いろいろ　東日本大震災翌日の動産搬出

　5．その他　123

　　　（1）面会交流あれこれ

　　　依頼者いろいろ　週1回の面会交流希望？

　　　（2）浮気を許してもらえた依頼者

　　　依頼者いろいろ　3回目の結婚で二股不倫中…

4　相続をめぐる事件　………………………………………………126

　1．勘所…感情的に揉めても無益・大損！　126

　　　依頼者いろいろ　数十万円の土地を相続するために約200名の印鑑証明書が必要に！

　2．受任時　128

　　　（1）相談カード等で基礎事項を早期把握

　　　（2）相続人の調査・確定…依頼者の話を鵜呑みにしない

　　　依頼者いろいろ　入籍していなかったことを知らなかった妻。同姓の婚姻に注意！

　　　（3）将来の利益相反への注意と説明

　　　（4）受任範囲の確定

　　　（5）遺留分減殺請求を速やかに

　3．相続放棄をめぐる誤解の解消　135

　　　（1）保証債務も相続する！

　　　（2）家庭裁判所に申述したのでなければ相続放棄ではない

　　　（3）法律上の相続放棄を行っていなければ相続分に応じた債務を相続する

　4．遺言　137

　　　（1）遺言は迅速に…呆けたり死んだりしたら作成できない！

（2）遺言の作成、加除訂正等

　　　（3）遺言の変更…自筆証書遺言では恨まれる！

　　　依頼者いろいろ　先生、私より先に死なないでね

　5．遺産分割　141

　　　（1）相続分譲渡の上手な活用を

　　　（2）遺産分割は調停前置ではない

　　　（3）揉めすぎは大損となることを理解させる

　　　依頼者いろいろ　争っている間に株券が紙切れに…

　　　ちょっと一言　調停の待合室は学びの場

　6．その他　143

　　　（1）不動産の評価証明書は依頼者に取得してもらう

　　　（2）相続対策に早すぎるということはない

　　　依頼者いろいろ　ろくでなしの息子を勘当したい！？

　　　（3）大切なのは相続税対策ではない

　　　依頼者いろいろ　遺骨の処遇で揉めて受付で遺骨の引渡し

5　賃貸借関係の事件　…………………………………………147

　1．勘所…賃料滞納の賃借人に借地借家法の保護はない！　147

　2．受任時　148

　　　（1）相談カードで基礎情報の取得

　　　（2）賃料滞納は提訴を迷うだけマイナスが増える

　　　依頼者いろいろ　5年間賃料を滞納した賃借人から居住権を反論された大家さん

　　　（3）賃貸借契約書は難しい…

　　　依頼者いろいろ　契約書をちゃちゃっとチェックして欲しいのですが…

　3．進行中　152

　　　（1）賃料免除でも任意立退きの和解がお得！

　　　（2）賃料が相場より低いと立退き料は高くなる

　　　依頼者いろいろ　幻の立退き料

4．終了時　154

　　　　(1) 原状回復はほとんど大家負担が原則を理解させる

　　　　依頼者いろいろ 朝三暮四を朝四暮三で納得の相手方…算数は大切！

　　　　(2) 明渡しの内容の確認

6　隣近所同士の事件 ……………………………………………157

　　1．勘所…費用の節約と穏便な解決を！　157

　　2．受任時　158

　　　　(1) 測量等に多額の費用がかかることの説明

　　　　(2) 相手方が自分の隣近所となる事件は避けよう

　　　　ちょっと一言 通路の所有権確認事件が私の事件第1号

　　3．進行中　159

　　　　(1) 当初は費用をかけない図面等を使用

　　　　(2) 費用がかかる測量、測定等は争点整理後に

　　　　ちょっと一言 外ではサングラスで凄むが法廷では普通の眼鏡をかけた専門家

　　4．終了後　161

　　　　(1) 終了後は大人の振舞いを求める

　　　　(2) 争いの種は子孫に遺さない

7　刑事情状弁護の事件 …………………………………………163

　　1．勘所…被告人の更生が第一！　163

　　2．受任時　163

　　　　(1) まめなコミュニケーションで寂しがらせるな！

　　　　依頼者いろいろ 接見より愛人への手紙を優先された…

　　　　(2) 厳しめの見通しで裁判をなめさせるな！

　　　　依頼者いろいろ 警察官からの甘い見通しは困りもの…

　　3．進行中　166

　　　　(1) 示談と保釈は国選弁護人の職務の範囲

　　　　（2）積極的真実義務はないが違法行為や証拠隠滅への加担は不可

　　　　（3）関係者と協力しながらの示談交渉

　　　　　依頼者いろ 被告人の代わりに司法修習生が謝罪し店主に叱られる！

　　　　（4）情状証人や被告人質問ではサプライズを

　　　　　依頼者いろ 本当は悪いと思っていません！

　　4．終了時　171

　　　　（1）執行猶予は海外渡航に影響あり

　　　　（2）被告人からの事件の依頼・紹介には臨機応変に

8　民事控訴審の事件　173

　　1．勘所　173

　　　　（1）事実審としては最後で短期間の戦い

　　　　（2）控訴理由書に心を込めろ！

　　2．控訴類型ごとの勘所　174

　　　　（1）原審勝訴で控訴棄却確実な事件

　　　　（2）原審勝訴だが逆転敗訴確実な事件

　　　　（3）原審敗訴で控訴棄却確実な事件

　　　　（4）原審敗訴だが原判決が間違いの事件

　　　　（5）控訴審での勝敗が微妙な事件

9　その他の類型の事件　177

　　1．経営者から労務関係の事件の依頼を受けたら　177

　　　　（1）社長の気持ちはわかりますが…

　　　　　依頼者いろ 依頼を言い出せなかった経営者

　　　　（2）あなたの大切な人だったらどう思いますか？

　　　　　依頼者いろ 遅刻の多い部下を注意したら居酒屋で抱きつかれ…

　　　　（3）労働審判の審判で稟議・決裁の苦労軽減！

　　　　　依頼者いろ 退職者の競業を止めろとの請求書の依頼で冷や汗…

2．破産管財人になったら　180

　　　　(1)　就任直後が勝負所
　　　　(2)　裁判所へのまめな報告が勘所
　　　　(3)　集会では債権者への報告・協力要請を心掛ける
　　　　依頼者いろいろ　破産管財人官澤弁護士への解任動議否決さる

Ⅲ　こんな場合にどうする？

1　勝つ見込みの無い事件の依頼を受けたら …………………… 186
　　1．他の弁護士は勝てると言っていたのですが…　186
　　2．先生に頼んで負けたら本望です！　186
　　　　ちょっと一言　ちょっと息抜き…ときには笑いを
　　3．質より量のこともある　187

2　依頼者が身勝手すぎたら ……………………………………… 188
　　1．遅い！　急げ！　と言われたら　188
　　　　依頼者いろいろ　TVを見ながら待ちたいのですが…
　　2．書面の内容への注文が多い依頼者　189
　　　　ちょっと一言　記者会見はご自分で！
　　3．和解に抵抗する依頼者　191
　　　　依頼者いろいろ　相手方への和解金を預かっているのに依頼者が変心…

3　依頼者がクレーマーになったら ……………………………… 193
　　1．依頼者をクレーマーにしないために　193
　　2．しつこいクレームを受けたら　193
　　3．弁護士会に苦情を言うぞ　194
　　4．所長を出せと言われたら　194

4 依頼者と連絡が取れなくなったら ………………………………196

1．依頼者が連絡をくれない　196

2．依頼者が行方不明　197

　依頼者いろいろ 失踪宣告取消しの審判は得たのに、本人の放浪で死亡のまま…

3．依頼者が死亡　198

　依頼者いろいろ 貸主死亡で言いたい放題の借主について保証人からの密告

5 セミナーの依頼を受けたら ………………………………200

1．セミナーは広告と思え　200

　依頼者いろいろ 名刺を一生の宝物にします！

2．良いセミナーにするために　201

　ちょっと一言 専門学校での講義の際のにらみ合い

3．喜んでもらいたい気持ちが大切　202

　ちょっと一言 見習いたい自動車教習所の講師の神対応

おわりに

I

総論

1　基本は当たり前のことの徹底！

1．弁護士への三大クレーム…「応対が横柄」・「処理が遅い」・「報告が無い」

　弁護士会には、弁護士や弁護士会に対する市民等の意見・苦情を受け付け、それについて適切な対応・処理を行うための市民窓口が設置されています。私が所属する仙台弁護士会では、毎年の定期総会の際に１年間の苦情等の報告が行われます。どのような苦情等が届いているのかを列挙した表と、簡単な分析資料が配布され、口頭での報告が行われるのですが（私が実際に行った報告は、前著『弁護士業務の勘所』13頁のコラム「官澤の４つのお願い」のとおりです）、苦情や懲戒申立てを受けたりしないために、そして顧客満足度を向上させるために、非常に役立つ情報です。自身の弁護士業務・依頼者対応の改善の参考となります。

　弁護士会に届く弁護士へのクレームは、事件の相手方等よりも依頼者からのものの方が多く、その内容は、裁判等で負けたといったようなことについては少なく、むしろ当たり前のことが行われていないことについての苦情の方が圧倒的に多いのです。

　具体的には、「応対が横柄」・「処理が遅い」・「報告が無い」の３つが多く、私は、これを"弁護士への三大クレーム"と呼んでいます。

　依頼者からのクレームを減らし、内心の不満を防ぎ良好な関係を維持するためには、この三大クレームを受けないように、「丁寧な応対」・「迅速な処理」・「まめな報告」を徹底すればよいのです。

　これらはごく当たり前のことですが、残念ながらこれらの当たり前のことが徹底されていない弁護士が多いため、これらを徹底するだけでも、良い弁護士だとの評判が広まり、営業上もプラスになるのです。

　なお、私は、「官澤の４つのお願い」では、以上のようなことを踏まえて次のようなお願いを行っています。

「私たち弁護士への信頼を維持するため、市民窓口への苦情や懲戒申立て

を減らすため、私の4つのお願いを聞いていただきたい。

① 事件関係者は事件が速やかに解決して平穏な生活が早期に訪れることを望んでいます。

　引き受けた事件はできるだけ速やかに処理していただければと思います。

② 依頼者は依頼した事件の進行状況を気にしています。適切に処理していてもそれが伝わらなければ、遅滞していると誤解をうけることにもなりかねません。

　依頼者には経過報告をまめに行っていただければと思います。

③ 依頼者は事件に巻き込まれ悩み傷ついています。依頼した弁護士から冷たくされたり怒鳴られたりするとさらに傷つくこととなります。

　依頼者に対してはできるだけ丁寧な応対をこころがけていただければと思います。

④ いろいろな事情で仕事が遅れたり思ったような結果がでない場合もあると思います。

　しかし、そのような場合でも絶対に依頼者に嘘はつかないでいただければと思います。」

2．夫婦関係も依頼者との関係も「まめな連絡、トラブル防止！」

前述の「まめな報告」は、その気になれば容易に行えることです。ただし、依頼された事件に速やかに着手して迅速に処理していたとしても、それが依頼者に報告されていなければ、依頼者は、どうなっているのだろうかとやきもきすることになってしまいます。依頼者の納得を得るためにも、進行状況をきちんと報告しながら協議して事件処理を進めることが重要となります。

そこで、弁護士職務基本規程第36条は、「弁護士は、必要に応じ、依頼者に対して、事件の経過及び事件の帰趨に影響を及ぼす事項を報告し、依頼者と協議しながら事件の処理を進めなければならない。」と定めている

のです。なお、同条では「必要に応じ」となっていますが、報告はまめに行うに如くは無しです。

　法科大学院での弁護士倫理の講義では、依頼者への「まめな報告」の大切さについて、「きちんと連絡しないで外食をすると、妻に怒られることがあります。それと同じことで、仕事をきちんと行っていても、きちんと連絡しないと依頼者とトラブルになることがあるのです。夫婦関係でも、依頼者との関係でも、連絡することは難しくないのだから『まめな連絡、トラブル防止！』です。」と言って頭に叩き込んでいます。

３．報告書のテンプレート化で依頼者へのまめな報告の習慣化

　「まめな報告」を徹底するには、報告書の雛型を準備しておいて短時間で作成できるようにしておき、ことあるごとに依頼者に報告することを習慣化してしまうのが一番です。

　私の事務所では、サンプル１のような「経過の御報告」を印刷して準備するとともに、新しい事件を受任して事務局がパソコンのサーバに事件フォルダを作成した時点で、サンプル２のような「報告書」のテンプレートも作成するようにしています。あらかじめ、「報告書」の日付の部分と「記」の下の内容部分を空欄にしたものを用意しておくことで、これを使用することにより、弁護士は、日付や具体的内容を記入するだけで済み、短時間で依頼者宛の報告書を作成できます。

　このサンプルの使用方法は以下のとおりですので、参考にして報告書作成の時間節約・依頼者との良好な関係の維持に活用して下さい。

① 　サンプル１「経過の御報告」の使用方法について
　　左上の欄に宛名を記入します。
　　右上の＃の行には、事務所での事件の管理番号を記入します。その下の行に報告書の送付日、その下には事務職員への送付方法の指示のためのチェックボックス（郵送／FAX／直送）、さらにその下の行には、FAXす

サンプル1　経過の御報告

```
                                            #
                                    平成　年　月　日
                                    □郵送　□FAX　□直送
```

(担当秘書　　　　　　　　)

経　過　の　御　報　告

前略、御依頼の　　　　　　　　　　　　　　　　　　の件について、次のとおり経過を御報告致しますので、よろしくお願い申し上げます。

□別紙のとおり起案致しましたので誤りや修正等がないか御検討の上御連絡下さい。
□裁判所・相手方・　　　　　に下記の添付書類を送付致しました。
□裁判所・相手方・　　　　　から◎のような連絡・下記の添付書類を受領致しました。
□期日が☆のとおり　指定・変更（変更前の期日　　月　　日）されました。
□　　月　　日の期日の内容は◎のとおりで、次回は☆のとおりです。
□打ち合わせをしたいと思いますので　　月　　日　午前・午後　　時　　分に当事務所にお出で下さい。なお、御都合が悪い時は、御連絡戴ければと思います。

☆次回期日　平成　　年　　月　　日　午前・午後　　時　　分
　　　　　　予定
　　　　　　出廷　不要・必要（午前・午後　　時　　分まで　事務所・　　　　　駅
　　　　　　　　裁判所　弁護士控室・　　　　　にお出で下さい）

◎添付書類、期日の内容、連絡を受けた内容、その他の御連絡事項

_____
_____
_____
_____
_____
_____
_____
_____

サンプル2　報告書

980-++++
仙台市青葉区++++++
株式会社　宮　城　御中
御担当　宮城　強　様

2014年12月10日#140012A
TEL213-++++．FAX213-++++
携帯 090-2++2-9++9

〒980-0802
仙台市青葉区二日町 1-23-10F　官澤綜合法律事務所
弁護士　官澤　里美
TEL022-214-2424　FAX214-2425

報　告　書

◇　◇　◇　　　　　　　　　　　　　　　　　　　◇　◇　◇

前略　青葉太郎への工事代金請求訴訟　の件について、下記のとおり御報告致しますので、よろしくお願い致します。

草々

記

　12月10日午前10時から裁判が行われました。
　当方は+++し、相手方は+++しました。
　次回までに、当方から和解案を提示することとなりました。
　和解案について打合せを行いたいと思いますので、12月19日午後4時に事務所にお出で下さい。御都合が悪いときは御連絡下さい。
　打合せの前日までには、当職の方で和解案の叩き台を起案・ＦＡＸしたいと思いますので、御検討よろしくお願い致します。
　次回期日は、12月24日午後3時と指定されました。当日は、和解協議が行われる予定ですので、10分前に裁判所1階ロビーにお出で下さい。

以上

る際のFAX番号を記入します。

　その下に、作成者である弁護士名や担当秘書名を記入します。

　本文の1行目の空白部分には、事件名を記入します。

　報告書の内容についてはチェックボックスで選択するようにし、汎用的に使用できるようにしています。

　書面を起案した際は、1つ目の□にチェックをして、起案した書面を添付して依頼者に送ります。

　また、同書面について依頼者の意見を聞いた上で了解が取れたら裁判所等に送付し、2つ目の□にチェックをして依頼者に送付の報告をします。

　裁判所や相手方から何らかの連絡や書面を受領したら、3つ目の□にチェックをして依頼者に報告します。コメント等があれば下の◎の欄に記入します。

　裁判所の期日が指定・変更されたら、4つ目の□にチェックをして依頼者に報告します。期日の詳細については☆の欄に出廷の要否・待ち合わせ場所等も含めて記入・報告します。

　期日が行われた後は、5つ目の□にチェックをして依頼者に報告します。当日の内容は◎の欄に、次回期日の詳細は☆の欄に出廷の要否・待ち合わせ場所等も含めて記入・報告します。

　打合せが必要な場合は、6つ目の□にチェックをして日時を指定して依頼者に連絡します。依頼者と電話等で日時を調整する方が丁寧ですが、まずはこちらの都合をふまえて指定し、依頼者の都合が悪ければ変更するとした方が、迅速に対応できます。

②　サンプル2「報告書」の使用方法について

　日付の部分と記の下の内容の部分を除いた部分は、事務局がすべて入力していますので、日付と内容を弁護士が記入すれば報告書は完成です。

　報告は、サンプル1の使用方法に記載したような都度行えば、報告が無い・遅いなどと不満を持たれるようなことはないでしょう。そして、事件

の推移・現在の状況を依頼者も十分に把握できるため、和解や判決の内容にも納得してもらいやすくなります。

　報告書との文書名の下の行の両脇の「◇◇◇」は、ここで折って窓付き封筒に入れると宛名が窓のところにちょうど収まるという印です。各種の郵送物の1枚目に窓付き封筒に対応できるように住所・宛名を記載すると、封筒に住所・宛名を記載する手間が節約できるとともに、誤送付を防止できるのでお勧めです。

　なお、日付の下の行に電話番号とFAX番号を記載しているのは、FAX番号はFAXするためですが、電話番号は、書面について電話でやりとりする際に電話番号を調べる手間を省くためです。これらの番号を宛名の下ではなく日付の下に記載しているのは、宛名の下だと窓付き封筒の窓から見えてしまい個人情報保護上問題が生じることがあるからです。

4．「弁護士は約束を守らない」が常識？「約束は守る」の徹底を！

　ある居酒屋でのこと。店員が私のことを弁護士と知ったとたん「弁護士は約束を守りませんよね」との苦言。以前依頼したことのある弁護士には、打合せのときには待たされるし、裁判所への書類の提出は遅いしで、イライラさせられていたとのこと。

　前著『弁護士倫理の勘所』にも書きましたが、ある司法修習生は、懇親会での挨拶で、弁護修習で自分が変わった点として、①食べるのが速くなった、②歩くのが速くなった、③遅れを気にしなくなった、の3点を挙げており、①②は笑えたのですが、③では一般人から見た弁護士の殿様商売ぶりを実感しました。また、ある裁判官からは、講演会の話の中で「約束の時間に遅刻したり、書類が期限に遅れたりしたら一般の取引社会なら取引停止が常識であり、それが許されている仕事は作家と弁護士だけである」と痛烈に批判されました。どうも、「弁護士は約束を守らない」が、世間の常識化しつつあるらしい…。

　しかし、約束を守るのは当たり前のことですし、依頼者をイライラさせ

ず良好な関係を維持するために大切なことです。

　弁護士業務の中では、打合せや裁判の時間を守ることと、各種の書面の期限を守ることの2つが大切です。

　時間を守らないと、依頼者をイライラさせるだけでなく、裁判所からも相手方からも信頼を失うことになります。書面の期限を守らないと、控訴や上告等が認められなくなり、懲戒申立てや損害賠償請求を受けることにもなりかねません。通常の準備書面等で提出は認められたとしても、主張を制限されることもありますし、気を揉んだ依頼者からの信頼を失って解任されることにもなってしまいます。

　遅刻は依頼者の時間を盗み、提出遅れは依頼者の利益と信頼を損ねる行為なのであり、依頼者がイライラするのは当然のことです。

　当たり前のことですが、「約束は守る」を徹底しましょう。

2　電話応対の勘所…依頼者に選ばれるかどうかは電話応対次第！

1．電話番号の確実な聞き取り

　法律事務所には、依頼者、新規の相談者、相手方、裁判所等いろいろなところから電話がかかってきますが、どこからの電話であっても、こちらから電話をするときのために電話番号を確実に聞き取ることが大切です。

　当事務所では、以前から電話番号・FAX番号の確実な聞き取りを心掛けてきましたが、特にFAXの誤送信は大問題となる恐れがあるため、FAX番号の確認を重視し、それに比べ、電話は万が一間違えたとしても「間違えました」で済むか…と電話番号の確認を多少軽視していました。

　しかし、新規相談の電話が事務所にかかってくるまでには、ホームページ等のインターネット対策、異業種交流会への参加や各種の広告等、相当額のコストがかかっているのです。その結果かかってきた貴重な相談の電話なのに、電話番号の聞き取りミスのせいでこちらから連絡することができなければ、大切な依頼者を得損なってしまうことになります。それだけではなく、「電話もくれない冷たい横柄な事務所だ」と悪い評判をたてられる恐れもあります。

　そのため、最近では、電話番号は必ず復唱して確認し、確実に聞き取ることを徹底しています。少し気づくのが遅かったのですが…。

数字の間違いは致命的ミスに繋がる恐れ！

　電話番号、FAX番号、送金口座、金額等、数字の間違いは致命的なミスに繋がる恐があります。

　企業秘密や個人情報が記載された文書を誤ってFAXしたら大問題！

　送金先や金額を間違って返金を渋られたら、不当利得返還請求訴訟

はできますが、その手間暇が大変。訴訟で勝って相手に資力がなければ自分が被らざるを得ない！

ですから、当事務所では、数字の間違い防止に力を入れていますが、なかなかゼロにはできず、悩んでいます。

ある知り合いの弁護士は、自分の事務所側の送金ミスのため、実際に不当利得返還請求訴訟を行ったそうです。もちろん、着手金も報酬もゼロの訴訟です…。

 自分の住所の番地や送金口座の番号は間違えないで欲しい…

前述のように、当事務所では数字の間違い防止に力を入れていますが、依頼者に教わったとおりの住所に郵送したのに宛所不明で戻ってきたり、依頼者に教わったとおりの口座に送金したのに口座不明で送金できなかったりといったことがありました。

当事務所の記載ミスかと思い確認したところ、いずれも依頼者本人が手書きで書いてくれたメモのとおりの番号なのです。

何年も住んでいるのに番地を間違えないで欲しいもの。自分の口座なのだから通帳を見て正しく書いて欲しいもの。

郵便が戻ってきたり、折り返しの電話が遅れたりするのであれば、依頼者の責任で仕方ないと済ませられるものの、誤FAXや誤送金となると、たとえ依頼者のミスであっても仕方ないでは済まない場合もある…。

そのため、当事務所では、依頼者本人が書いたものでも、FAX番号は名刺等で確認し、確認できないものはサンプル3のような「FAX番号確認のお願い」で確認してから送信します。また、口座番号は必ず通帳のコピー等で確認してから送金するようにしています。

サンプル3　FAX番号確認のお願い

ＦＡＸ番号確認のお願い

　　　　　　　　　　　　　　　　　　　　　年　　月　　日

貴方様ＦＡＸ番号

０　－　　　　－　　　　　　

　　　　　　　　　　　仙台市青葉区二日町1番23号-10Ｆ
　　　　　　　　　　　官澤綜合法律事務所

　　　　　　　　　　　TEL022-214-2424 FAX214-2425

　お忙しいところ恐縮です。
　貴方様にＦＡＸで連絡を行う際の番号について、当事務所では上記のとおり把握しております。（なお、貴方様の御名前は、他の方が貴方様になりすますことを防ぐため記載しておりません。）
　間違いや御迷惑等を防ぐため、申し訳ありませんが、間違いの有無等について下記に御記入の上で御回答のＦＡＸ返信をお願い致します。
　貴方様への各種書面のＦＡＸは、御回答を確認してから行いますので、御協力のほどよろしくお願い申し上げます。
　　　　　　　　　　　　記
　ア　上記番号へのＦＡＸで問題ありません。
　イ　ＦＡＸは次の番号に行って下さい。→
　ウ　上記番号で間違いありませんが、ＦＡＸは行わないで下さい。
　エ　間違いですのでＦＡＸは行わないで下さい。
　オ　その他

　　　　　　　　　貴方様御名前　　　　　　　　　　　

返信ＦＡＸ番号０２２－２１４－２４２５宛

2．保留の上手な使いこなし

　最近の電話は感度が良く、送話口を手で塞いでも声を拾うので、本人にすぐ回さないで所内での会話をする場合や資料を取りに行ったりする場合は、保留にすることを徹底しましょう。うっかり保留にせずに電話の相手の気に障るようなことを所内で話してしまうと、それが相手に聞こえてトラブルになってしまう恐れがあります。

　実際、裁判所に事件のことで電話をすると、電話に出た職員が保留にしないままで記録を取りに行ったり、担当書記官と話しをしていたりすることがあります。「官澤弁護士から、〇〇〇という電話がきていますよ」「後で電話するって言っておいて」といった会話が聞こえてくる程度ですが、万が一「あの弁護士って自分は書類提出が遅れるくせに、せっかちに調書を催促してくるんだよな～」などという話が聞こえたりしたら大変です。たまに、「保留にした方がいいよ」と助言しているのですが…。

　もう一つ、電話の感度が良いことで注意が必要な点は、事務職員に「弁護士は外出中です」と答えさせておきながら、その弁護士本人が電話の近くで大きな声で指示等を行うこと。至急の書類作成等のために出られないこともあるかもしれませんが、電話の相手に居留守がバレバレになってしまいますので注意しましょう。

　逆に、長すぎる保留にも注意が必要です。相手からきた電話で、回答するために必要な資料を探すからと保留にしたような場合、少し時間がかかりそうだと思ったら、一旦電話を切って折り返しの電話で回答するか、保留で待ってもらうかを相手に聞くようにしましょう。というのも、もしかすると雨の中で傘をさして立っているなど、長い保留を待っているのが辛い状況である可能性もあるからです。良い印象を持ってもらう、良い仕事をするためには、電話越しであっても、相手の置かれた状況への想像力が大切です。

3．速いレスポンスで評判アップ！

　当事務所に来る前にも何人かの弁護士に依頼したことがある企業から、「先生の事務所はレスポンスが速いよね」と褒められたことがありました。

　待っている電話がなかなか来ないとイライラするもの。そこで、当事務所では、電話が遅いなどと依頼者をイライラさせないため、次のような注意を行っています。

① 　まず、前述のように、相手から電話番号を確実に聞き取ってメモをします。弁護士と以前にも電話で話をしたことがある場合、「先生は自分の電話番号を知っています」と言って電話番号を教えてくれない人もいます。しかし、弁護士がその電話番号を記録していないこともありますし、外出先で電話番号を調べにくいときもあります。そこで、職員には、念のためとお願いして何とか電話番号を聞き取ってもらうようにしています。それでも教えてくれない人は仕方ありませんが…。

　私も、私の電話番号を当然知っていると思われる相手先から電話番号を聞かれることがあります。そのようなときは、当事務所と同じように折り返しの電話をスムーズにするためだろうなと思い、快く10桁の電話番号を告げます。「番号は知っているはずだ」などというやりとりするのは時間の無駄ですし、印象も悪いものです。

② 　次に、スケジュール表を確認し、折り返しの電話が何時頃までにできるかを伝えます。

　このように自ら期限を設定するのは、前著『弁護士業務の勘所』『弁護士倫理の勘所』で詳論しましたが、仕事の遅れを防ぐためにも有益ですし、その期限までは督促を受けないという期限の利益を得られることになるのでお勧めです。

　期限を伝えるとき、「10時から12時までの間」や「何日の午前中」などといった、前後の幅がある伝え方は避けましょう。相手は、どうして

も前を基準に待ってしまいますので、10時を過ぎた時点で、まだ電話が来ないとイライラし始めるからです。期限は、「何日の12時までに」と後を切って伝えることが勘所です。12時を過ぎるまでは遅いと言われることはありませんし、その前に電話をすれば連絡が速いと思ってもらえるからです。

　事務職員が折り返しの電話を何時頃までにできるか伝えるためには、弁護士や事務職員のスケジュールが事務所内で共有されていることが不可欠です。

　スケジュールの共有は、事務所が一体となって良い仕事を行っていくためにも重要であり、当事務所では、弁護士・正職員のスケジュールを、ルミックス社の無料ソフト「Schedule Board」で表示・管理するとともに、毎日朝礼を行い、裁判等で外出をする際、折り返し電話が可能となる時間も確認しています。

③　受けた電話の内容を、連絡メモと携帯へのメールで弁護士に伝えます。

　当事務所では、弁護士が留守中の電話の内容をすべてエクセルの一覧表に入力しています。そこから連絡メモ作成ボタンをクリックすればサンプル4のような「連絡メモ」となってプリントされ、メール送信ボタンをクリックすれば弁護士の携帯にメールが送信されます。内容には折り返しの電話番号を記載しており、携帯に送られたメールからその電話番号をクリックすれば、折り返しの電話が簡単にでき、速いレスポンスを可能にしています。連絡メモは、折り返し電話した内容を記入して記録にファイルしておくと、依頼者とのやりとりを手軽に残せます。

　なお、エクセルの電話内容の一覧表は、依頼者などからの苦情などを早期に把握して対応するためにも利用しています。

④　折り返しの電話は、期限前に早めに行います。

　折り返しの電話は、約束の期限に遅れないようになるべく早めに行う

サンプル4　連絡メモ

連絡メモ

官澤先生

＿＿＿＿＿＿＿＿

日時　2016/06/27　8:53

◆連絡方法　TEL受

連絡者名　官澤里美

（女性）　第一法規　鈴木由真様

電話番号　0120-203-694

相手方名　　　　　　　　　　　案件タイトル

◆用件は次のとおり(詳細・応答・処理事項は下欄に記載のこと)

- ☐ また電話します。　☑ 折返し電話下さい。
- ☑ 急ぎ　☐ 依頼・相談中　☐ TEL待ってたのに来なかった　☐ 折返しの電話でした　☑ 進捗確認
- ☐ 電話のあった事を伝えてください　☐ 電話のあった事をお伝えします　☐ 本日不帰と伝言済み
- ☐ 発信者はこれから不在とのこと　☐ 分割の支払いが滞っている　☐ 戻り予定日時伝言済み　☐ 受取

☆電話内容

急ぎ 折返TELください 進捗確認
「依頼者対応の勘所」の残りの原稿はいつ頃戴けますか？

☆備考

■伝達方法

☑ メモ　☐ MB　☐ 電話転送　☐ 口頭　☐ 携帯に着信　☐ 携帯の留守電
☑ 電子メール　☐ その他

ようにします。

　相手に「また電話します」と言われてこちらからの折り返し電話の約束をしなかった場合でも、早めに自分から電話した方がよい場合が多いです。

　特に、憂鬱な電話ほど早めに自分から電話するのが勘所です。というのは、自分の気持ちの準備が不十分なところに準備万端の相手から電話を受けるより、自分の準備を十分にして相手が準備不十分のところに電話をする方が、精神的に優位に話を行えることになるからです。先延ばしにすると、余計に面倒になったり、事態を悪化させたりしてしまいます。憂鬱な電話ほど、自分の方からから朝一番で行うことがお勧めです。

　とはいえ、個人宅への電話を朝一番にする際、あまり早すぎても非常識と怒られますので、相手が会社に出勤する前に話をしたいときには午前7時10分に行うことが多いです。会社出勤のない人については、NHKの朝の連続ドラマが終わった頃を見計らい午前8時20分がゴールデンタイムと思っています。

実は事務職員の電話応対が良かったので選びました！

　　　　　離婚の難事件が解決した後の、何気ない依頼者との会話です。

「そういえば、誰の紹介で当事務所にいらしたのでしたっけ？」
「ネットで検索して選びました。」
「検索でヒットしたいくつもの事務所から、当事務所を選んだ理由は？」
「実は何ヶ所かの事務所に電話したのですが、ここの事務職員のSさんの電話応対が良かったからなんです。私の話をよく聞いてもらえたもので。」

ネット検索でヒットする多数の事務所から選ばれるためには、事務職員の電話応対が大切なことを実感！

ちょっと一言　同じ事務所の若手弁護士を〇〇君と呼ぶのはNG！

　金額が小さい事件のため、当初は相手方弁護士と直接交渉していた依頼者。なかなか思うように進まず、当事務所に相談に来たとのこと。話を聞くと、「相手方弁護士の〇〇君がまだ新米だから話が進まない」と、なぜか相手方弁護士を軽んじている。相手方弁護士を〇〇君と呼ぶ依頼者も珍しい…。

　さらに聞くと、相手方弁護士から請求書が来たので、連名の所長弁護士に電話したところ、「この事件は新人の〇〇君が担当で、今、彼は留守なので後で〇〇君に電話させる」と言われたため、その後は自分も〇〇君と呼んでいるとのこと。

　弁護士同士で先生と呼ぶのはおかしいという意見があります（でも、相手の名前を忘れたときなど実は便利です（前著『弁護士倫理の勘所』参照））。

　また、自分の事務所の弁護士を外部の人に対して先生というのはおかしいとの意見もあります。でも、マナー研修の講師に質問したところ、医者や弁護士の場合は、おかしくはないとのことです。

　少なくとも、この場合の相手方弁護士の所長のように、〇〇君と呼ぶのは止めましょう。

　同じ事務所の若手弁護士を君づけで呼ぶのは、依頼者や相手方からその弁護士がなめられる原因になるのだと痛感しました！

Ⅰ　総論

3　来所者対応の勘所…このひととき、私はあなただけのもの！

1．多くの依頼者には一生に一度の出来事

　依頼者のなかには、顧問先の方のように法律事務所に来慣れた人もいますが、新しい相談で来所する方の多くにとっては、初めてで、しかも一生に一度の出来事。

　何日か悩んだ末に思い切って相談予約の電話をし、どんな弁護士なのだろう、どんな対応をされるのだろうと緊張して来所するのです。女性のなかには、事前に美容室に行ったり入念に化粧をしてから来所する方もいます。男性も女性もお出かけ用の服を着て来所されます。

　私たち弁護士にとってはルーティンワークでたくさん抱えている事件のうちの1件かもしれませんが、来所者にとっては唯一の案件として何日か前に予約して来所しているわけですから、とあるカリスマ美容師のように「このひととき、私はあなただけのもの！」という気持ちで、丁寧な応対を心掛けることが大切です。そのために、当事務所では、以下のようなことを行っています。

　まずは、来所者を待たせない。そして、笑顔で挨拶する。ドリンクメニューを用意し、好きな飲物を選んでもらう（さらに、よく来る方については好みを覚える）。打合せ中は他からの電話には出ない。エレベーターまでお見送りする。にわか雨用に傘・タオル・靴下を備えておく、などです。

　これらを徹底するため、朝礼で挨拶練習を行い、終礼で1日のうち5分以上お待たせした件数・お待たせした時間の報告を行っています。5分以上のお待たせ件数は減ってきてはいるものの、なかなかゼロにはなりません。そこで、最近は、タイマーを相談室の数だけ購入し、来所者が入室後、5分経過すると警報音が鳴るように設定しました（写真参照）。警報音が鳴るとうるさくて仕事に支障があるので効果が期待できます。警報音ゼロが目標です（タイマーは、昼寝の寝過ごし対策にも活用されていますが

…)。しかし、待たされる人の時間感覚は実際の3倍ともいいますから、5分×3は15分…。もっと、厳しい時間設定が必要かもしれません。

人は、自分が大切に思われているか、扱われているかを敏感に感じるものです。丁寧な応対はきっと来所者に伝わるはずです。

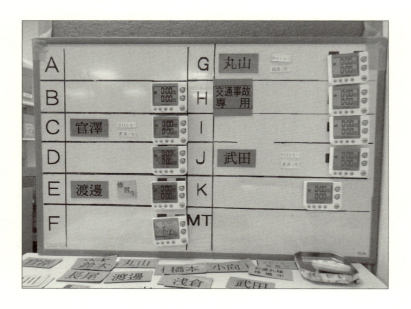

2．子連れ来所者への配慮

私の事務所には、子供のことの相談ではなくても、赤ちゃんから小学生くらいまでの子供を連れて来所される方が時折います。

弁護士との相談や打合せは、子供には聞かせたくない内容も多く、また弁護士への迷惑にもならないかと気を遣うため、預けられるところがあれば子供を法律事務所に連れて来たくなどないはずです。しかし、預けられるところがないため、やむなく連れてきていることがほとんどです。

また、親というのは、飲食店や乗り物等などで子供が泣いたり騒いだりして、周りから白い目で見られて辛い思いをしたことが多いはず。しかし、少子高齢化の進む現在の日本では、子育ては私たちの未来を支える大切な

ことですので、子育て中の方々が辛い思いをしないような対応を心掛けたいものです。

　当事務所では、子供用の飲み物としてドリンクメニューにのせていないジュースも準備してあります。また、打合せ中に退屈しないよう、私の子供たちが読んだ絵本（「ノンタン」シリーズや「ウォーリーを探せ」など）を置いておき、TVの子供番組を見せた方がよい場合にはTVのある部屋に案内します。当事務所の相談室は全室防音なので、多少子供が泣き叫んでも隣りの相談室での相談に迷惑をかけることはありません。

　ところで、近くの整体院は出産後の腰痛等の改善の治療に力を入れており、保育士を雇って「託児所付き整体院なのでお子様連れでも安心」と宣伝しているのを見ました。今まで考えたことがなかったのですが、法律事務所でも「お子様連れでも安心」「お子様連れ歓迎」が売りにできるかもしれませんね。

お勧めのドリンクは何ですか？

　当事務所では、飲み物は相談室に設置のドリンクメニューやお子様用裏メニューのジュースから選んでもらっています（写真参照）。たまに、梅昆布茶やカルピスがあることもあります。

　依頼者のなかには、受付の事務職員を試そうとしてか「お勧めのドリンクは何ですか？」と尋ねる人もいます。そういった場合には「今日は肌寒いので、温かい煎茶はいかがでしょうか？」と無難に応対しているようですが。

　温かい飲み物は、体のみならず心も温かくして交渉等に良い影響があると聞いたことがあります。難航しそうな打合せ・交渉の場合は、なるべく温かい飲み物を勧めてもらおうかな…。

　「アルコールは？」と尋ねる依頼者もごく稀にいます。冷蔵庫の中

に弁護士の私物のアルコール飲料が入っていることもありますが、「準備しておりません」と答えているようです。アルコールは、夕方の打合せの後、弁護士と飲みに行くことで意見が一致したら外でご自由に！

3．念のための暴漢対策

　法律事務所には、様々な方が来所します。相談者、依頼者などの友好的な人が多いですが、事件の相手方や倒産会社の債権者などといった、敵対的な人もいます。また、なかには暴力団関係者等の反社会的勢力に該当する恐い人もいます。

　私は、弁護士になって30年が経過していますが、酒癖の悪い人が酔ったまま来所し、絡んでなかなか帰らずに困ったことや、私が交渉のために家を訪問すると知りながら、猟犬の鎖が外されていて猟犬に襲われたことはありました（手に持っていたカバンで撃退して難を逃れましたが）。しかし、事務所で暴れられたという経験はありませんでした。

　めったにあることではないでしょうが、性格異常の相手方や逆恨みした依頼者が事務所で暴れることに備え、事務所に所属する弁護士・事務職員

の安全を確保するための暴漢対策も大切になってきています。

　そのような事態が生じた場合は、警備会社や警察に電話連絡して助けを求めることになりますが、助けが来るまでの間の危害を防ぐため、当事務所では、写真のような大きな音が出るブザー、熊も撃退できるという催涙スプレー、大男の動きも抑制できるトゲトゲ付きの刺又を受付に備えました（写真参照）。

　これらを使うことがないのが何よりですが、備え有れば憂い無し、です。

司法修習生の携帯電話に緊急連絡の依頼者

　私の携帯電話の番号は、名刺には印刷していませんし、依頼者にも原則として教えていません。打合せや裁判、講義等で携帯電話に出られないことがほとんどということもあります

し、起案に集中しているときや少ない休みのときに電話で煩わされたくないとの気持ちもあるからです。

　そのかわり、事務所にもらった電話やメールに対しては、なるべく早くレスポンスすることにより、不満は持たれないようにしています。

　ところが、ある休日に自宅にいたところ、私が担当している弁護修習中の司法修習生から私の携帯電話に電話がかかってきました。何事かと思ったら「以前自分が打合せに同席した依頼者から、『至急官澤先生と連絡を取りたい』と携帯電話に電話があった」とのこと。

　最近の司法修習生は、就職活動のためということもあり、名刺に携帯電話の番号を記載し、顔写真も入れていることもあります。その名刺を自己紹介のため依頼者に渡していたため、休みに私と連絡を取りたい依頼者が、司法修習生に電話したのでした。

　司法修習生が弁護修習のため事務所にいるのは短期間。裁判所でも検察庁でも修習するということを考えれば、依頼者や事件関係者に携帯電話の番号を知られるのは支障があることも考えられる。と、仙台弁護士会の司法修習委員会委員長の私は、遅まきながら実感し、その後は、司法修習生に名刺を出させないことにしたのでした。

4　相談申込者の「ファン化」…微差力で勝負！

1．弁護士や事務所を好きになってもらおう

　様々な縁や営業努力で相談を申し込んでくれた人には、できれば弁護士や事務所の対応に満足してもらいたいもの。そして、弁護士や事務所を好きになってもらう＝ファンになってもらえれば、口コミで相談者・依頼者を増やしてもらえるようになります。

　前著では、そのようなお客様を「VIP客」と記載しましたが、金持ち優遇と誤解を招きそうなので今後は「ファン」と記載したいと思います。

　相談申込者をファン化するためにはどのような対応をしたらよいのか、当事務所で注意している点を、受付から受任まで順次説明していきます。

　私の理想は、継続中の事件の相手方をもファンにしてしまい、終了後に別の事件の相談があれば、今度は私のところに来てくれるようにしてしまうことです！　依頼者に疑われないよう、あまり表には出しませんが…。

2．電話受付時…相談申込者と相手方のフルネームの聞き取り

　まず、新しい相談の電話がきたら、電話を受けた事務職員が、相談申込者と相手方の氏名をフルネームで聞き取ります。これは、弁護士倫理上、当事務所で受けられない事件でないかどうか利益相反と守秘義務をチェックする必要があるからです。

　初めての電話で自分と相手方の氏名をフルネームで言うことには抵抗を感じる人が多いです。「なぜそこまで言わないといけないのですか？！」と不機嫌になる人もいますが、「あなたのお相手が当事務所の依頼者や顧問先ですと、あなたからの相談は弁護士倫理上お受けできないことになっております。事務所に来ていただいてからそれが判明すると無駄足となってしまいますので、ご協力下さい」と説明すると、ほとんどの人は理解し、フルネームを教えてくれます。

氏名を聞き取った事務職員は、相談者が当事務所で受任中の事件の相手方でないか、相手方が当事務所の顧問先や依頼者でないか等をパソコンでチェックし、結果を弁護士にメモで渡します。

　本格的な相談に入った後に利益相反などで受任できないことが判明すると、相談者・弁護士ともに時間を無駄にしてしまうことになる、場合によっては受任中の事件を辞任せざるを得なくなる恐れもあるので、相談内容に入る前の氏名の聞き取り、利益相反などのチェックは徹底させています。

　しかし、事務職員のチェックで利益相反が判明した場合でも、その段階で断ることはさせていません。それは、利益相反に該当するかどうかの判断が微妙な場合もあり、また説明の仕方によっては、現在の依頼者に対する守秘義務違反の問題が生じたり、せっかく相談の電話をくれた人に不快な思いをさせてしまうことになるからです。

　せっかく電話をくれたのですから、受任できない場合でも、他の弁護士を紹介してあげるなどの丁寧な応対が大切です。その応対に感動して「今後また別の相談が生じたらぜひお願いします」「いつかはこの法律事務所に頼みたいです」と次に繋がる＝ファン化することがあるのです。

3．利益相反と守秘義務のチェックのポイント

　利益相反チェックでは、次に記載の弁護士職務基本規程第27条・第28条の「職務を行い得ない事件」に該当しないかどうかを確認します。弁護士が複数いる事務所においては、同規程第57条で「所属弁護士は、他の所属弁護士（所属弁護士であった場合を含む。）が、第27条又は第28条の規定により職務を行い得ない事件については、職務を行ってはならない。ただし、職務の公正を保ち得る事由があるときは、この限りでない。」とされているため、相談を受ける弁護士だけでなく所属弁護士全員についてチェックを行う必要があります。なお、弁護士法人については、同規程第63条〜第66条に同様の規程が設けられています。

　利益相反チェックをクリアできた場合でも、相手方が過去の依頼者だっ

たりすると同規程第23条の「弁護士は、正当な理由なく、依頼者について職務上知り得た秘密を他に漏らし、又は利用してはならない。」の守秘義務に反することになる恐れがないかのチェックが必要です。弁護士が複数いる事務所においては、同規程第56条で「所属弁護士は、他の所属弁護士の依頼者について執務上知り得た秘密を正当な理由なく他に漏らし、又は利用してはならない。その共同事務所の所属弁護士でなくなった後も、同様とする。」とされているため、相談を受ける弁護士だけでなく所属弁護士全員についてチェックを行う必要があります。なお、弁護士法人については、同規程第62条に同様の規程が設けられています。

　詳しい説明は、前著『弁護士倫理の勘所』を参照していただきたいのですが、第27条及び第28条については、利益相反チェックの基本となる重要な条文であるにもかかわらず、弁護士法の言葉に引きずられてか多少わかりにくいところもあり、弁護士になった法科大学院の教え子や当事務所の弁護士から質問されることが多いので、本書にも掲載しました。各条項の後に内容の簡単な説明を太字で記載しました。ぜひ参考にして下さい。

第27条　弁護士は、次の各号のいずれかに該当する事件については、その職務を行ってはならない。ただし、第三号に掲げる事件については、受任している事件の依頼者が同意した場合は、この限りでない。
　一　相手方の協議を受けて賛助し、又はその依頼を承諾した事件
　　　⇒・**相手方からその事件について具体的な相談を受けて具体的な見解や法的手段を助言した事件。**
　　　　・**相手方からその事件の依頼を受けることを承諾した事件。**
　二　相手方の協議を受けた事件で、その協議の程度及び方法が信頼関係に基づくと認められるもの
　　　⇒・**相手方からその事件について具体的かつ信頼関係に基づくと認められるほど深く相談を受けた事件。**
　三　受任している事件の相手方からの依頼による他の事件

　　　　⇒・相談申込者が現在受任中の事件の相手方で、他の事件を依頼。
　　　　　ただし、現在受任中の事件の依頼者が同意すればOK。
　四　公務員として職務上取り扱った事件
　　　　⇒・裁判官等の公務員として職務上取り扱った事件。
　五　仲裁、調停、和解斡旋その他の裁判外紛争解決手続機関の手続実施
　　　者として取り扱った事件
　　　　⇒・調停委員、ADRの仲裁人等として取り扱った事件。

第28条　弁護士は、前条に規定するもののほか、次の各号のいずれかに該当する事件については、その職務を行ってはならない。ただし、第一号及び第四号に掲げる事件についてその依頼者が同意した場合、第二号に掲げる事件についてその依頼者及び相手方が同意した場合並びに第三号に掲げる事件についてその依頼者及び他の依頼者のいずれもが同意した場合は、この限りでない。
　一　相手方が配偶者、直系血族、兄弟姉妹又は同居の親族である事件
　　　　⇒・相手方が自分の家族等である事件。
　　　　　ただし、相談申込者が同意すればOK。
　二　受任している他の事件の依頼者又は継続的な法律事務の提供を約している者を相手方とする事件
　　　　⇒・相手方が現在受任中の事件の依頼者や現在の顧問先である事件。
　　　　　ただし、相手方及び相談申込者が同意すればOK。
　三　依頼者の利益と他の依頼者の利益が相反する事件
　　　　⇒・相談申込者と他の依頼者の利益が相反する事件。
　　　　　ただし、相談申込者及び他の依頼者が同意すればOK。
　四　依頼者の利益と自己の経済的利益が相反する事件
　　　　⇒・相談申込者と弁護士の経済的利益が相反する事件。
　　　　　ただし、相談申込者が同意すればOK。

I　総論

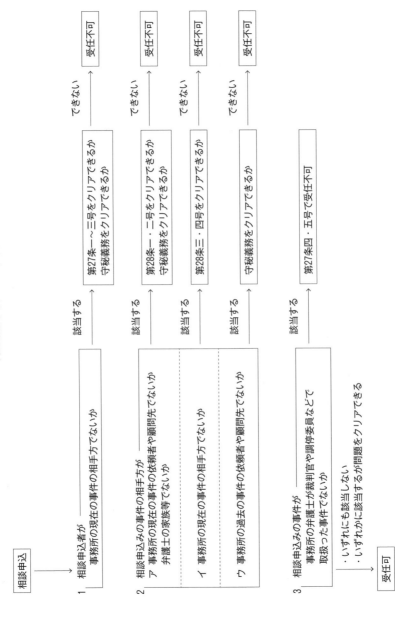

29

4．相談日時決定と内容概略把握…相談カードの事前記入

　相談を受けることになれば、来所していただく日時を決めます。

　その際、開始時刻は「午前10時30分頃」というように「頃」を使うのは禁止しています。「頃」だと10分くらいなら遅れても大丈夫だろうと思われ、後の相談等に悪影響があるからです。お客様から「午前10時30分頃」と言われても、「午前10時30分にお待ちしています」と再確認しています。

　また、人数に応じた部屋割りや時間について、お互いに心づもりをするため、来所人数と相談時間を確認しています。

　相談内容の概略は、事前に電話で聞き取ります。

　それは、その内容により相談日に持参してもらう資料を適切に指示できることになり、資料が足りないために相談が後日続行というような無駄を防げるからです。

　また、相談・依頼の内容が、自分が未経験のものである場合に、事前に書籍で調査したり経験のある弁護士と協議したりするためでもあります。

　可能であれば、本書の事件類型ごとに掲載したような、相談内容に応じた相談カードへの事前記入をお願いしています。

　これは、基礎的事項について聞き取り漏れを防ぐとともに、事前に記入しておいてもらえると、すぐに本題に入ることができ時間が無駄になりません。そのぶん、重要な部分についての話を聞く時間も十分に取れるため、依頼者の満足の向上にも有益だからです。

　さらに、この相談カードは、相談事項のチェック欄に、問題になりそうなことを網羅的に列挙しており、若手弁護士が問題点に気づかないで助言漏れすることを防ぐツールにもなっています。詳細については、事件類型ごとの章で説明します。

5．相談開始時の注意点…待たせず、始めは　明るく・高く・爽やかに！

　依頼者は、何日も前から予約をして来所されているわけですから、まずは、待たせないことです。

そして、良い第一印象が大切ですので、電話応対も同様ですが、意識的に、明るく、高く、爽やかに話し始めるようにしましょう。相談の内容によって、徐々に少し暗い表情に切り替えていくなどすると、その落差で依頼者に弁護士の共感度が伝わり、弁護士に対する好感度アップがします。

本当は良い弁護士だったとしても、偉そう、不機嫌そう、冷たそうな態度で話を始めてしまうと、悪い第一印象を与えてその後の挽回に苦労しますし、悪評を広げられることにもなりますので注意しましょう。

私生活で面白くないことがあったとしても、職場に来たら、明るく、高く、爽やかに、です。

6．相談中の注意点…傾聴し、助言は　やさしく・ゆっくり・わかりやすく！

① 相談の際は、まずは相談者の話をよく聴いてあげること、傾聴が大切です。

弁護士からすると、5分聞いただけで無理だろうとの結論が出てしまう相談内容もあるでしょう。しかし、5分で「それは無理です」と結論を出して終えてはいけません。

相談者は、無理かな、と薄々思いながらも諦めがつかず、弁護士に話を聞いてもらって、理屈の納得と感情の納得をした上で再出発するために相談に来ることもあるからです。5分で簡単に結論を出されては、理屈では納得せざるを得ないと思っても、十分に話を聞いてもらえていないという不満が残り、感情面での納得が得られません。

結論に関係ないと思われる話、本人の気持ちなどの感情的な話も予定時間の範囲内であれば傾聴してあげましょう。その上で、「お気持ちはよくわかりますが、今の法律では残念ながら無理なのです。諦めて次のことを考えましょう」と助言してあげます。

すると、相談者は、感情面の納得を得られて晴れ晴れした顔となり、こちらとしては諦めさせただけなのに、喜んで相談料を払ってお帰りになり、「話をよく聴いてくれて良い弁護士だった！」とファンになって

くれるのです。

② 助言の際は、やさしく、ゆっくり、わかりやすく、が大切です。
　相談者の多くは、法的知識が乏しく、弁護士への相談に緊張しています。そのため、弁護士がわかりやすく助言したつもりでも、何を助言されたのか理解できていないことがあるのです。優しい弁護士である私でさえ、「ありがとうございました」と笑顔で帰られた相談者から、後で紹介者を介して「先生、緊張して何を言われたのか全く頭に残っていないそうなんです。もう一度説明してもらえませんか」と言われたことがありました。
　ですから、意識して、優しい顔と話し方で、聞き取りやすいようにゆっくりと、わかりやすい易しい言葉を使って助言することが大切なのです。
　ゆっくり話すと詳しい説明の時間がなくなる、多少早口でも多くの情報を伝えた方が理解してもらえるのではないかと思う人もいるかもしれません。しかし、ものの本によれば、人間の脳は、入ってきた情報を処理・理解するのに0.45秒を要するのだそうです。その時間がないと、結局、入ってきた情報は理解されないまま素通りしてしまいます。
　理解してもらうためには、"間"が大切なのです。言葉や情報が少なくとも、ゆっくりと間を取って話した方が、脳が内容を処理する時間が確保され、早口で一方的に多くの情報を伝えるよりも、きちんと理解してもらえるのです。

7．相談後の対応…可能なら資料を渡し、扉が閉まるまでお見送り
　相談が終わったら、今後の参考になりそうな書籍等の資料のコピーをあげると喜ばれます。可能であれば、"当日の相談結果"のようなメモを渡すことができるとなお良いのですが、相談内容についての判例や解説本のコピーでも、依頼者の満足度は向上します。
　そして、エレベーターの扉が閉まるまでお辞儀をして丁寧にお見送り。

出入りの業者や交渉相手などについても同様のお見送りをしています。丁寧に見送りをされれば誰でも好印象を持ってくれますのでお勧めです。

電話でのフォローが逆効果だった依頼者

「高齢で認知症気味の母の預貯金が同居の甥に無断で費消されている。母の老後の生活資金として早く取り戻して欲しい」との相談がありました。

「実は、すでに他の弁護士に相談したのだが、その弁護士に依頼する気持ちになれなかったので、この事務所に相談に来た」とのこと。事情を聞いてみると、初めに相談した弁護士からは、なかなか容易ではないとの回答があったそうです。

そこで別の弁護士に相談したところ、そこでもやはり容易ではないとの回答。ところが数日後にその弁護士から「その後どうすることにしましたか？ そういえば費消された預貯金の金額はいくらだったのですか？」とのフォロー（？）の電話があり、「依頼するかどうかは迷っています。ちなみに、金額は約1000万円です」と伝えたところ、「ぜひボクにやらせて下さい！ 頑張ります！」と急にやる気を出したのだとか。

それで、その弁護士に依頼する気持ちが急激に失せてしまい、私のところに相談に来たとのことでした。

相談者へ電話などでフォローすることは大切ですが、金額を聞いてがつがつするのはみっともないし、逆効果になることもあるのです。

8．微差力でブランド化

以上に記載してきたことは、当たり前のことだと思う読者の方もいるかもしれません。

たしかに当たり前のことが多いのですが、その当たり前のことをきちんと行えているでしょうか？　当たり前のことをきちんと、そして徹底的に行うことにより生まれる他とのちょっとした違い、微差力が重要なのです。
　競馬では鼻の差であっても2位は賞金が大幅減です。富士山は知っていても次に高い山は知らない人が多いものです。
　商品・サービスにおける1％程度の違いが、評判や売上では大きな差となっていくのです。
　依頼者のことを考え、少しずつ依頼者への対応や業務の改善を続けていけば、日々の改善は小さいかもしれませんが、その積み重ねが大きな差になっていくのです。
　そのようなことを続けていくと、ある日ふと気づくことでしょう。自分のところでは当たり前となっていることが、他では特別なことであるということに。
　神は細部に宿る、職人は見えない所にこそ魂を込める、と言います。
　たとえば、相手方や裁判所への書面は、弁護士にとっての作品です。細かいところにまで心を配り魂を込めましょう！　それは、依頼者にも伝わりますし、その仕事ぶりは相手方本人にまでも伝わります。自分の弁護士としての仕事ぶりを相手方本人にも見せつけ、自分のファンにしてしまいましょう。
　このようなちょっとしたことの積み重ねが、「次の相談はあの事務所に」「いつかはあの事務所に」と、事務所のブランド化に繋がっていくのです。

5　受任時の勘所

１．見通し等の適切な説明

　依頼者が、弁護士に事件を依頼するかどうか決めるにあたっては、方法・期間・勝敗等の見通し、弁護士報酬や費用の説明を受けることが必要です。

　そこで、第29条１項では、「弁護士は、事件を受任するに当たり、依頼者から得た情報に基づき、事件の見通し、処理の方法並びに弁護士報酬及び費用について、適切な説明をしなければならない。」と定められています。

　また、見通しの説明の際は、第29条２項で「弁護士は、事件について、依頼者に有利な結果となることを請け合い、又は保証してはならない。」と定められているとおり、「絶対勝ちます」などといった有利な結果の請け合いは絶対行ってはいけません。相手方からどのような反論や証拠が出てくるかわかりませんし、どのように判断されるかは裁判官によって異なることもあるので、勝ちを請け合うことは弁護士の仕事の性質上不可能なのです。

　それを安易に請け合ったりしてしまうと、後で形勢不利に気づいた依頼者から「先生の最初の話と違うじゃないですか！」と強く責められてしまい、その場逃れに不公正なことや証拠偽造等の違法なことまで行いかねません。そうなると、弁護士の身の破滅に繋がります。

　『見通しは、厳しめぐらいが　ちょうどいい』なのです。厳しめの見通しを説明しておけば、厳しい結果となった場合でも、説明どおりなので依頼者から大きな不満を持たれることはなく、また、普通の結果となった場合、説明よりも良い結果になったわけですから、依頼者からは「先生のおかげです」と喜んでもらえます。

　ただ、厳し過ぎる見通しも考え物です。

あまり厳しいことを言い過ぎると、依頼者が本来は主張・請求できる権利を諦めてしまう恐れがあります。得られたであろう適正な着手金と報酬を逃してしまうことになる可能性もあります。

　甘めの見通しはクレームのもと、厳し過ぎる見通しは諦めの恐れ、ちょうどよい厳しめのさじ加減が微妙です…。

　また、リスクを含めた見通しを適切に説明しても、人間は、自分に都合の良いことはよく覚えていて、自分に都合の悪いことは忘れがちなものです。そのため、不利なことやリスクも説明したにもかかわらず、そのような話は聞いていないとクレームを言い出す依頼者がいないわけではありません。

　そのようなトラブルを防ぐためには、受任時の見通し等の説明の際には、不利なことやリスクは意識的に書面化して交付すること、その後に、当初の見通しと異なる不利なことが生じつつある際には、速やかに経過の報告書に詳しく記載して送ることが勘所です。

　若手弁護士セミナーの際、受任時のリスク説明書のサンプルが欲しいとの要望があり、サンプル5のように作成してみました。掲載しますので参考にしていただければと思います。

サンプル5　リスク説明書

当事務所にご依頼されるお客様へ

第1　有利な結果は請負えません。

　弁護士は、お客様からご相談・ご依頼戴いた案件について、弁護士倫理により有利な結果を請負うことができません。これは、相手方からの反論や裁判官の判断などにより結果が左右されることがあるからです。

　そのため、弁護士が説明した見通し等は、有利な結果を請負うものではなく、相手方の反論や、事実関係や法律の解釈についての裁判官の判断により、変わることがあることにご留意下さい。

第2　和解や判決などの内容を実現できないこともあります。

　示談や和解、調停などで相手方が約束したことでも、相手方の気が変わった、お金が調達できない等により、実行されないこともあります。

　裁判所での和解、調停、判決で認められたことであれば、強制執行を行うことが可能となります。しかし、強制執行には新たな費用が必要となること、強制執行の対象となる物がなければ強制執行を行えないことにご留意下さい。

　なお、お客様からご相談・ご依頼の案件については、次の点にご留意下さい。

　………………………………………………………………………………………
　………………………………………………………………………………………
　………………………………………………………………………………………
　………………………………………………………………………………………
　………………………………………………………………………………………

第3　当事務所からの連絡について注意点があれば次にチェックして教えて下さい。

　□注意点は特にありません。
　□ＦＡＸ不可　　　□自宅への電話不可　　□郵送は事務所名非表示の封筒
　□郵送不可　　　□その他…………………………………………………………

　上記の説明を受けました。
　また、連絡についての注意点は上記のとおりです。

　　　　　　　　年　　　　月　　　　日

　　　　　　　　　　　　お名前　　　　　　　　　　　　　　　印

仲人さんのように相談者をワンプッシュ

　晩婚化・未婚化等による少子化が社会問題化してきています。

　晩婚化・未婚化の原因はいろいろあると思いますが、仲人好きの人が減ったことも一因ではないかと思います。余計なお世話と思われる場合もあるのでしょうが、第三者的な目から見て似合いのカップルであると判断し、紹介・プッシュするのは本人たちのためになることも多かったのではないかと思います。私も、親戚の仲人好きのオバさんの紹介で結婚に至ったのですが、そのプッシュがなければ現在の妻子には恵まれていないわけですから、大変感謝しています。

　相談者のなかには、事件内容や見通しからして法的手続をとるのが本人のためになることが明らかな場合でも、裁判所等での法的手続、弁護士への依頼自体が初めての経験のため、不安を感じてか、依頼を躊躇して泣き寝入りしかねない人もいます。

　甘い見通しは禁物ですし、着手金欲しさの無理な提訴は駄目ですが、正当な権利があるのに泣き寝入りしそうな相談者には、「一緒に頑張りましょう！」と、良縁をすすめる仲人さんのようにワンプッシュするのが本人のためですね。たとえ、多少は仕事が欲しい気持ちもあったとしても、それが本人のためならばOKです！

２．相談申込書での確認・登録で後日のトラブル防止

　相談後に事件として受任となれば、当事務所では、サンプル６の「相談申込書」に依頼者や弁護士が必要事項を記入し、それに基づいて当事務所のデータベースに事件として登録します。

　サンプル６の「相談申込書」には種々の記入事項・確認事項を設けていますが、後日の利益相反チェック、連絡ミスによるトラブル防止のため、

サンプル6　相談申込書

官澤綜合法律事務所

＜相談申込書＞　　　　　　　　年　　月　　日

下記をご記載ください。（名刺添付でも結構です）

●御依頼者（法的当事者）　　　　　　　※相談者・連絡先(左記依頼者と異なる場合のみ記載)

ふりがな
御名前 _____　　　　　ふりがな
　　　　　　　　　　　　　　　　　　　　御名前 _____
（御担当者名等　　　　　　　）　　　　　依頼者との間柄 _____
御住所 〒　　　　　　　　　次ページ　　御住所 〒　　　　　　　　　次ページ
　　　　　　　　　　　　　　　付箋　　　　　　　　　　　　　　　　付箋
電話　　　　　　　　FAX　　　　　　　　電話　　　　　　　　FAX
携帯電話　　　　　　　　　　　　　　　　携帯電話
E-mail　　　　　　　　　　　　　　　　　E-mail

☆連絡方法についての注意事項

・電話等　　□特に無し　□自宅不可　□携帯不可　□FAX不可　□その他…
・郵送等　　□特に無し　□事務所名非表示　□郵送不可(来所受取)　□その他…郵便局留・

重要書類(預かり書類,判決等)の送付方法(普通郵便の場合追跡不可になります)
　　　□簡易書留 or 宅配便　□普通郵便　□特定記録郵便　□郵便局留

・その他(自宅以外への郵送 等)…

●相手方

ふりがな
名 前 _____　　　電話　　　　　　　　FAX
住所 _____　　　　次ページ・付箋

＜弁護士記入欄＞　　（記入弁護士　　　　　　　　　）

●措置区分：相談登録・事件登録・顧問ファイル・個人ファイル　●本人確認:既済・免許証・
●立件：A・B・C・D・E・F・G・H・I・J　ア・イ・ウ・エ・オ・カ・キ・ク・ケ　※共同{主担当=◎.袋作成(1つ・各別)}
●ルート：HP・顧問・再依頼・紹介{顧問,弁会,法テラス,　　　　　}・その他(　　　　)
●会計：一般・弁護士保険{LAC,直接}・弁会(=負担金有)・法テラス　●委任契約書作成(要・未定・不要)
●事件分類　　　　●事件名：_____　□袋に表示する

民事[債権回収・賃貸借関係・不動産取引・境界問題・知的財産・交通事故・医療事故・損害賠償・消費者問題
・債務整理・破産再生申立・破産管財再生委員・民事その他・相続関係・離婚離縁・男女関係・成年後見・家事その他]
刑事[私選刑事・国選刑事・少年事件・刑事告訴・刑事その他]　**行政**[土地改良・行政その他]
その他[農協内部問題・会社内部問題・労務問題・事業継承・企業法務・各種契約書]　**裁判外**[調停委員・仲裁人等]

Ver.2014.07

事務所としての事件管理のため、経営のためのルートや事件内容の分析のためなど、いずれも不可欠な情報であるため、その記入の徹底を推進しています。

委任契約書作成は、弁護士職務基本規程第30条で義務化されていますので、そのチェック欄も相談申込書に設けています（次項で詳しく述べます）。

また、同規程第22条では、依頼者本人の意思の確認と尊重が定められていますが、その前提として来所している人が依頼者本人であることの確認が必要です。友人・知人、顧問先等の場合は、顔を見知っているため心配ありませんが、ホームページなどの広告で事務所を知り初めて来所した人の場合は、なりすましということも全くないわけではありません。そこで、そのチェック欄も相談申込書に設けています。

本人確認は、犯罪収益移転防止等のため（いわゆるマネロン防止のため）に日弁連の会規（「依頼者の本人特定事項の確認及び記録保存等に関する規程」）で一定の場合に求められていますが、利益相反チェックを正確に行う前提ともなりますので、同会規で求められている場合だけでなく、初めての人についてはすべて運転免許証等のコピーをいただくことにより行うことを事務所のルールにするのがお勧めです。

最近は、金融機関や種々の場面で本人確認を求められることも増えてきていますので、本人確認のルールは、相談者から心配するほどの抵抗なく受け入れられると思います。

なお、運転免許証等の写真付きの身分証明書のコピーがあると、顔が思い浮かばなくなっている依頼者との裁判所等での待ち合わせの際にも役立ちますよ。

 徳の無い人からの事件の依頼は…

経営者向けのセミナーで、「どんなに仕事が欲しいときでも徳の無い人からの仕事は引き受けてはいけない。

そのような人の仕事を引き受けていると会社の徳も失われていく」との話を聞いたことがありました。

では、法律事務所ではどんな人の事件を引き受けてはいけないのだろう？　と考えてみました。

勝ち目の無い事件？　多額の借金、賃料滞納等で裁判では勝ち目が無くとも、その人の生活秩序の回復、ソフトランディングのために負け筋の和解をめざすことは不当なことではありません。法律や制度の改正のために勝ち目は無くとも戦う必要がある場合もあります。

相手方がかわいそうな事件？　正当な権利行使の結果、相手方がかわいそうなことになることもありますが、だからといってその権利行使が違法・不当となるものではありません。権利者側にまともな弁護士がついた方が、相手方の立場にも配慮した権利行使を行うことになり、相手方のためにもなることが少なくありません。

反社会的勢力に該当するような人からの依頼の事件？　積極的に引き受けようとは思いませんが、弁護士には違法な行為や明らかに不当な行為を抑止する義務がありますので、受任した方がそのような行為を抑止できて関係者が助かることもあります。

いろいろと考えた結果、相手方を困らせること、苦しめることを考えている人が徳の無い人であり、そのようなことを目的とした事件は、いくら着手金をはずまれたとしても、引き受けると後味が悪いですし、事務所や弁護士の評判を確実に落とすので、引き受けてはいけないとの結論に至りました。

3．委任契約書の作成の習慣化

契約は、原則として書面化しなくとも有効に成立しますが、後のトラブル防止のためにも、きちんとした契約書を作成しましょう。これは、私もセミナーなどで注意を促していますし、弁護士であればよく耳にすること

だと思います。

　以前は、委任契約書の作成義務が無く、委任契約書を作成しない弁護士も多かったようです。そのため、委任の範囲や報酬をめぐって依頼者とトラブルになることもあり、弁護士職務基本規程第30条は、2項に記載の例外的なときを除き、「弁護士は、事件を受任するに当たり、弁護士報酬に関する事項を含む委任契約書を作成しなければならない。ただし、委任契約書を作成することに困難な事由があるときは、その事由が止んだ後、これを作成する。」と、委任契約書の作成を義務化しました。

　弁護士の報酬に関する規程の第5条に委任契約書の必要的記載事項が定められていますが、日弁連が作成の委任契約書のサンプルを利用すれば漏れはありません。それに加えて、受任範囲の欄でチェックする手続名や弁護士報酬などについて、事務所の特色に応じた加除変更等を行うのがよいと思います。

　サンプル7は、当事務所の一般民事の委任契約書ですが、預り金等の送金のために依頼者名義の返金口座を第7条に記載してもらっています。後で依頼者が行方不明になったり、結果等への不満から口座を教えてもらえなかったりすると、送金に困ることになってしまうからです。また、依頼者が行方不明になった場合の辞任等の通知に困らないように第4条2項、第5条3項のような条項を加えています。

　委任契約書作成がトラブル防止に有益であることは明らかです。また、作成が義務化されたため、依頼者と何らかのトラブルが生じた場合に委任契約書を作成していなかったとなると、そのこと自体が懲戒事由となってしまいますし、実際に訴訟となっているケースもあります。委任契約書の作成を習慣化していくことが大切です。習慣化すれば何と言うことはありません。

着手金を値切られたら応じるか？

　当事務所では、弁護士により着手金や報酬等の弁護士報酬にばらつきが生じるのはよくない、当事務所の報酬基準はリーズナブルかつ適正なものである、という考えから、弁護士報酬の値切りには応じないことにしています。

　収入が低い依頼者には法テラスの民事法律扶助を利用してもらい、着手金が準備できないために弁護士に依頼できず泣き寝入り…などということは生じないようにしています。

　ところが、高額所得者で資産家なのに着手金を値切る人には困ってしまいます。「金銭感覚が庶民離れしないようにしているのだ」などと言いながら値切ろうとする依頼者がいましたが、庶民は法律事務所で値切りません！

　多少減額に応じようか…と思うこともありますが、いったん応じると他の依頼者からも減額を求められることになり、なし崩しに弁護士報酬の減額競争に巻き込まれかねません。良いサービスを提供するためには、適正な弁護士報酬の確保が必要であり、減額競争に巻き込まれては良いサービスを提供することが困難になってしまう恐れがあります。だから、冷たい、水臭いと思われることがあるかもしれませんが、当事務所では、値切りには応じないことにしています。

　それでも執拗に値切りを迫られたら、「うちではできませんので、どうぞ他の事務所にご依頼下さい」と武士は食わねど高楊枝を気取りましょう。

　稀に、着手金の送金の際に送金手数料を差し引いて送金してくる依頼者がいます。さすがにそのような際は、「次回は差し引かないで下さいね」と連絡するにとどめ、送金手数料のみの追加送金は求めていません。

サンプル7　委任契約書（民事）

委任契約書（民事）

□甲（依頼者）様控
□乙（受任弁護士）控

契約年月日：　年　月　日

依頼者を甲、受任弁護士を乙として、次のとおり委任契約を締結する。

甲（依頼者）　住　所　＿＿＿＿＿＿＿＿＿＿＿＿＿＿＿＿＿＿＿＿＿

氏　名　＿＿＿＿＿＿＿＿＿＿＿＿＿＿＿＿＿＿㊞

乙（受任弁護士）仙台市青葉区二日町1番23号10F　　　　弁護士　　　　　　　　印

第1条（事件等の表示と受任の範囲）

甲は乙に対し下記事件又は法律事務（以下「本件事件等」という）の処理を委任し、乙はこれを受任した。

事件名：＿＿＿＿＿＿＿＿＿＿＿＿＿　相手方：＿＿＿＿＿＿＿＿＿＿

裁判所等の手続機関名　＿＿＿＿＿＿＿＿＿＿＿＿＿＿＿＿

[受任範囲]
- ☐ 交渉　☐ 書類作成　☐ 保全処分　☐ 即決和解　☐ 調停　☐ 審判
- ☐ 訴訟（一審、控訴審、上告審、支払督促、少額訴訟、手形・小切手）
- ☐ 強制執行　☐ 倒産（破産、民事再生、任意整理、会社更生、特別清算）
- ☐ 遺言作成　☐ 遺言執行　☐ その他（　　　　　　　　　　　　　　）

第2条（弁護士報酬）

甲及び乙は、本件事件等に関する弁護士報酬につき、乙の弁護士報酬基準に定めるもののうち☑を付したものを選択すること及びその金額（消費税別・税率が変わった場合はその税率による）又は算定方法を合意した。なお、甲が源泉徴収義務者の場合は、源泉徴収を行う。

☐ 着手金・手数料
　① 着手金・手数料の金額を金　　　　円とする。
　② 支払時期は、本件事件等の委任時より2週間以内に一括払いするものとする。

☐ 報酬
　① 報酬の金額を次のとおりとする。
　　☐ 金　　　　円とする。（　　　の実現による）
　　☐ 甲の得られた利益により次の割合の金額とする。
　　　ア．3000万円までの部分は10％、同金額を超え1億円までの部分は7％、1億円を超える部分は5％。但し、請求された金額を減額した場合は、同基準の1/2。
　　　イ．その他…＿＿＿＿＿＿＿＿＿＿＿＿＿＿＿＿＿＿＿＿＿＿＿＿＿＿
　② 支払時期は、本件事件等により甲が利益を得た都度及び処理の終了したときとする。

☐ 出張旅費日当　　　　　　出張予定場所…
　　　出張旅費日当の金額は上記場所への出張1回につき金　　　　円／人とする。

☐ その他　　　　　　　　　　（但し、職員の場合は、1回当り5,000円を控除する。）

第3条(預り金)
1. 甲及び乙は、本件事件等に関する預り金につき、次のとおり合意する。
   - ☑ 諸費用
     ① 甲は書類取得費用、印紙等の実費の概算として金　　　円を乙に預ける。
     ② 乙は本件事件等の処理が終了したときに清算する。但し、予納した費用の残りが1,000円未満の場合は通信雑費に充当する。
   - ☐ その他の預り金
     甲は　　　　　　　　　の目的で金　　　　円を乙に預ける。
2. 乙は、甲のための預り金と弁護士報酬及び費用とを相殺することができる。

第4条(弁護士報酬等の支払遅滞の場合の処理)
1. 乙は、甲が弁護士報酬又は費用の全部又は一部を支払わないときは、本件事件の処理に着手せず、又はその処理を中止することができる。また、本件事件に関して保管中の書類その他のものを甲に引き渡さないことができる。
2. 前項の場合には、乙は甲にその旨を通知しなければならない。通知先が不明となった場合は、本契約書に甲が記載した住所地に普通郵便で通知を郵送すれば足りるものとする。

第5条(解任・辞任)
1. 甲は、乙をいつでも解任することができる。
2. 乙は、甲が弁護士報酬又は費用等の支払を遅滞したとき、甲と連絡をとることが困難となり本件事件の遂行に支障が生じたとき、甲と事件の処理方針に食い違いが生じたとき、その他甲乙間の信頼関係を維持することが困難となったときは、本件事件を辞任することができる。
3. 前条2項の規定は、前項の場合について準用する。

第6条(中途終了の場合の弁護士報酬の処理)
本委任契約にもとづく事件等の処理が、解任、辞任または継続不能により中途で終了したときは、乙の処理の程度に応じて弁護士報酬の清算を行う。

第7条(返金口座)
甲は、本件事件の弁護士報酬・預り金の返金や相手方から受領した金員等の乙から甲への送金口座として、甲名義の次の口座を指定する (※口座名義が甲以外の場合は別途確認書を締結する)。

	ふりがな(必須)	
	通帳名義	
銀行等	金融機関名	銀行・信用金庫・労働金庫・信用組合・農協・漁協
	店名	本店・本所・　　　　　　　支店・支所・出張所
	種類	普通・当座・貯蓄・その他
	口座番号	
郵便局	記号	
	番号	

第8条(特約)
本委任契約につき、甲及び乙は次のとおりの特約に合意した。

以上

領収書不要と言われたらラッキーか？

　依頼者のなかには、「領収書は要りません」と言って多めのお金を現金で払おうとする人もいないわけではありません。

　そのようなとき、領収書無しでお金を受け取り、裏金が作れるなどと喜ぶのは危険です！

　着手金や報酬の一部だと思って受け取り、領収書を発行していないのをよいことに事務所にも銀行にも入れず自分の遊興費等に充てていたところ、あとになって「先生、預けていたお金、使い道ができたので返してよ」と言われ、四苦八苦した弁護士を見たことがあります。しかも、受け取った金額より多い金額の返還を迫られ…。

　きちんと着手金や報酬としての請求書や領収書を発行していれば、返すことなどないお金なのですが、発行していないと弁護士報酬なのか預り金なのかが曖昧になり、このようなトラブルに巻き込まれてしまう恐れがあるのです。

　お金は大切ですが、きれいにしておかないと毒になります。

　きちんと処理・申告しておくに限ります。そうすれば、依頼者とのトラブルを防げますし、税務調査が入っても恐くありません！

　先日、久しぶりに税務調査がありましたが、費用の計上漏れを見つけてもらい、税金を戻してもらいました。それも少し問題だと思いましたが…。

6　事件継続中の勘所

1．丁寧な仕事を文化に

　事件の継続中は、前述のように依頼者にまめに報告することが、依頼者の納得やクレーム防止のために大切です。

　必要に応じて依頼者に来所してもらい、詳しい進行状況の報告や和解についての協議、書面作成や尋問のための打合せ等を行いますが、依頼者は、時間を割いて来所して下さるわけですから、その時間を無駄にしないように、事前に十分な準備をして充実した良い打合せを行い、依頼者に満足してもらえるようにすることが大切です。

　以前、遺産や特別受益も多い上に非常に複雑な遺産分割事件を調停の途中から受任したことがあります。エクセルで整理しながら打ち合せて書類を作成し、裁判所に提出して調停に臨む、ということを数回行ったときのことです。複雑だったこともあり気分が乗らず、書類作成が直前になってしまうことが続いた際、その依頼者から「書類作成がやっつけですよね…」と苦言を呈されたことがありました。うーん、見抜かれていた…。

　良い仕事をして依頼者の納得と信頼を得るためには、事前の十分な準備が大切なのです。

　事前の十分な準備を怠り、手を抜いた仕事や雑な仕事を行ってはいけません。

　そういった姿勢は依頼者に見抜かれますし、周りの弁護士や事務所の職員にも伝染してしまいます。

　ある航空会社は、基本を大事にし、「小さいことほど丁寧に、当たり前のことほど真剣に」取り組むことを企業の習慣していき、大事故を起こさないできていると聞いたことがあります。

　法律事務所では、日々の研鑽と手を抜かない丁寧な仕事を事務所の習慣・文化にすることが大切です。

若手弁護士は顧客獲得に不利か？

　弁護士の数が増えた昨今、「若手弁護士だと相談者の信頼を得にくく、顧客の獲得に不利だ、事務所経営が大変だ」という声を聞くことがあります。

　たしかに、初対面の印象では、年が若いだけで年輩の弁護士より頼りなさそうに見えることもあるかもしれません。

　しかし、弁護士を選べるようになった今、相談者は、初対面の印象だけで仕事を依頼することは少なく、相談の際の応対やその後の仕事ぶりを見て選んでいることが多いのです（特に顧問弁護士の依頼はそうです）。

　いくら年輩で貫禄があっても、応対が横柄だったり、仕事が雑だったりすれば選ばれません。逆に、若手弁護士でも、応対が丁寧で打合せ、書面等もしっかりしたものであれば、信頼を得られて選ばれるのです。

　「相手方弁護士が年上なのだが、こんなに若い弁護士で大丈夫だろうか」と依頼者に不安がられそうな場合は、相手方弁護士につけ込まれる隙を与えないまで磨いた書面で対応しましょう。そうすれば負けるはずがなく、「若いのに優秀な弁護士だ」と依頼者にますます信頼されることになります。

　最近は口頭での弁論能力が強調されますが、書面は大切です。

　書面の準備があってこそ、優れた口頭での弁論が可能となるのです。

 ### 尋問メモを欲しがる依頼者には「下町ロケット」で

　依頼者本人や証人の尋問は、弁護士の晴れ舞台であり、入念な準備、特に詳細な尋問メモの作成が勘所です。

依頼者の本人尋問が近づき、尋問メモをしっかり作成してリハーサルしたところ、依頼者から「先生、そのメモをもらえませんか？」とのお願い。その依頼者の気持ちはわかりますが、真面目な人ほど丸暗記してきて作ったような不自然な尋問になる恐れがあるので断りましょう。

　そういえば、テレビドラマの「下町ロケット」で、主人公を裁判で尋問する弁護士は、事前に詳細な尋問メモを作成して主人公に渡したのですが、その後再検討した結果、これでは裁判官の心に響かない、と主人公から尋問メモを返してもらって破り、別の角度からの尋問で主人公の気持ちが裁判官に届くように尋問し、勝訴していました。

　この例を出して断るとよいかもしれませんね。

２．よく話を聞いてあげる

　弁護士はなかなか打合せや電話に長い時間を割けないことが多いため、依頼者が事件の帰趨に関係ないように思われる話をし出すと、遮りたくなってきてしまいます。しかし、不快感を与えないように上手に遮ったつもりでも、「もっと話したかったのに…」と、依頼者の心には欲求不満が残ります。

　人間は誰でも自分の話を聞いて欲しがるもの。事件に関係無い、時間がなくなる、と思っても、依頼者の話をよく聞いてあげることが、必ずしも依頼者の望みどおりにならない結論になったときに納得してもらうための勘所です。

マシンガントークの依頼者

　そうはいっても、強く止めないと１時間以上早口で話し続けるような人も、私の30年を超える弁護士生活のな

かで数人おりました。
　そのうちの1人は離婚事件の依頼者だったのですが、相手方が「あいつのマシンガントークを止めるため、大声で怒鳴らざるを得なかった」と調停の際に発言し、マシンガントークとは上手いなと感心するとともに、その心情に内心でウンウンと頷いたのでした。
　そのような依頼者については、最初はある程度の長い時間をとって話をさせるものの、その後は打合せを進めるためにも、マシンガントークを毅然と遮らざるを得ません。
　また、法廷で主尋問を行う際は、イエス／ノーの返事か単語を答えるような尋問にしないと、独演会になってしまい、聞きたい言葉を引き出すところまで辿りつけない恐れがあります。
　そのような人の尋問の際は、私は、裁判官や相手方弁護士に、「話し出すと止まらない人なのでお気を付けを」とあらかじめ注意することにしています。その注意を聞いてもらえず、依頼者の話が止まらなくなっても私の責任ではありません！

3．気持ちは騙されても、事実は騙されるな

　弁護士職務基本規程第37条1項で「弁護士は、事件の処理に当たり、必要な法令の調査を怠ってはならない。」、2項で「弁護士は事件の処理に当たり、必要かつ可能な事実関係の調査を行うように努める。」と定められており、法令と事実の調査を怠らないことが大切です。
　初期の事実調査は、依頼者が持参した資料や依頼者からの聞き取りが中心になりますが、依頼者は、自分に不利な事実について積極的には言わないことが多く、場合によっては隠す、嘘をつくことが多いので注意を要します。
　以前は、依頼者に不利な事実について、聞かなかったふりをするということが許された時代もあったようですが、最近は、「注意すれば虚偽とわ

かったはずだ、弁護士に過失がある」と責任追及される例が増えてきています。うっかり依頼者の話を鵜呑みにし、十分な事実の調査を行わないで仮差押えなどを行ってしまった場合、本訴で敗訴ともなると弁護士自体の責任も問われかねません。

依頼者の違法な行為や明らかに不当な行為を抑止し、依頼者のために適切な助言をするためにも、弁護士自身の身を守るためにも、事実関係の調査を適切に行い、依頼者に騙されることなどないようにしましょう。

ただ、私は、依頼者の本音・気持ちについては、無理に探ることなく、騙されてもかまわない、むしろ騙されていた方がよい場合も少なくないと思っています。

例えば、離婚や遺産分割、刑事事件の示談等、いろいろな感情が複雑に絡み合った事件において、本人がその感情の整理をつけて何とか調停や示談で解決しようとしたにもかかわらず、本当によいのですか？　本音はどうなのですか？　などと探られたのでは台無しです！

気持ちは騙されてもよいのです。でも、事実は騙されてはなりません。

綺麗事の依頼者…プライドを守ってあげるに如くは無し！

　　　　　　気持ちを整理して理性的な態度をとっている人に対し、「そんな綺麗事を言わずに本音でいきましょうよ」などと言う人がいます。

建前より本音が大切と思っている人もいるようですが、本音での行動が許されるのは、動物と物心の付かない赤ちゃんだけです。建前（法律も建前とも言えるでしょう）を守ってこそ、人間社会が維持できているのです。

本音を押さえて綺麗事を言えるのは、本人のプライドの力による場合もあります。そのような場合は、本音を曝くようなことはせず、プ

ライドを守ってあげるに如くは無し！です。
　そこを解いてしまえば、歯止めが効かず暴走の恐れがあるのです。
　タガを外すな！　パンドラの箱を開けるな！
　無理に本音を言わせると収拾がつかなくなり大変なのです。

7 和解に向けての勘所

1．どのような場合に和解を勧めるか

　裁判となった後でも、トラブルの早くて良い解決のためには、判決ではなく和解での解決が望ましい場合が少なくありません。

　判決では関係者に「しこり」が残ったり、良い解決と「乖離」が生じる場合は、和解による解決が望ましいものです。

　弁護士が依頼者に和解を勧めるかどうかは、次の３点を考慮して依頼者のために望ましいかどうかで決めましょう。

① 　判決の勝敗の見込み

　　敗訴見込みであれば、ダメージをなるべく少なくするために和解を勧めます。

　　勝敗が微妙であれば、見込みの幅のなかで下記②③を考慮しながら和解を勧めます。

　　勝訴見込みでも、下記②③を考慮して多少の譲歩での和解を勧めることもあります。

② 　依頼者の現実的利益の見通し

　　勝訴しても、差し押える財産が見つからないなどの理由により現実的利益が無い、立退きの強制執行には費用がかかるなどの理由により負担が生じるような場合は、任意の履行を期待できる和解の方が依頼者の現実的利益が多くなるため和解を勧めます。

③ 　最終解決までの時間

　　遺言無効、遺留分等が絡み合った相続関係事件や同族会社の内紛関係事件では、その裁判で勝訴しても全面解決とはならず、その後もいくつかの裁判が続かざるを得ないような場合、和解では一切を解決することが可能ですので、内容にもよりますが和解を勧めます。

2．どのようにして和解を納得してもらうか

　依頼者のために良い和解を早く得るため、どのような準備をしたらよいか、裁判所や相手方とどのようなやりとりをしたよいかなどについては、前著『弁護士業務の勘所』に詳しく記載しましたので省略します。依頼者にその和解を納得してもらうためのポイントは次のとおりです。

　①提訴前、甘い見通しは禁物で、多少厳しめの見通し説明をしておく。
　②まめな経過報告と打合せで、提訴後の推移を認識してもらう。
　③和解に同席してもらい、和解がお得なことを納得してもらう。

役員会では相手方代理人のよう…

　会社や組合等の団体が依頼者の場合、役員会で和解について承認を得る必要があることが少なくありません。

　担当者は和解のメリットを理解している場合であっても、また、社長や理事長、組合長も和解のメリットを理解している場合であっても、他の役員が納得するような説明を行うことに自信が無いような場合、弁護士からの説明をお願いされることがあります。

　文書で説明することもありますが、役員会に出席して説明することもあります。

　その説明は、なぜ譲歩して和解しなければならないかを納得してもらうためですから、判決となると和解案より厳しい結果になることを依頼者の弱点をあげて行わざるを得ず、まるで相手方代理人のようです…。しかも、当初の見通しと異なってきたような場合は、その経緯をうまく説明しないと弁護士が責任追及される恐れもあります。

　相手方から報酬を貰いたいくらいですが、依頼者のため、相手方代理人のような説明で承認を得るように頑張るしかありません！

Ⅰ　総論

3．和解は口頭で成立することの事前説明を忘れずに

　ある政治家が、「勇ましいことは誰でも言える。相手の顔を立てながら、解決の糸口を見つけるのが政治だ」と言っていました。

　和解も同じようなところがあり、勇ましいことを主張したまま判決の方が楽なことも少なくないのですが、依頼者のことを考えれば和解が好ましい解決の場合は、依頼者に不満を述べられながら、依頼者に納得してもらえる相手方との妥協点・解決の糸口を探るという楽ではない作業となります。

　しかし、短気を起こさず辛抱強くその作業を行って和解に至れば、後になって、依頼者だけでなく相手方からも良い解決だったと感謝されることも多いのです。

　ところで、調停や和解は、契約締結のように署名・押印するというような手続無しで、裁判官が読み上げた内容を口頭で承諾すれば成立となります。これは、弁護士にとっては常識ですが、依頼者の多くの方々は署名・押印により成立と誤解しているので注意を要します。

　口頭で承諾してしまったけれど、まだ署名・押印していないので撤回や変更は可能と思っている人が多いのです。ある調停事件で、実際に相手方本人が書記官室で変更を粘っていたことがありました。

　そのようなことにならないように、和解や調停については、成立前に、調印無しで口頭で成立してしまい後で変更できないことを、十分に説明しておくことが大切です。

口頭での謝罪無しで依頼者激怒！

　経理担当者の金銭管理の杜撰さについて、横領なのか領収書が無いだけなのかについて熾烈に争われた事件。依頼者は、返金と謝罪を求める一方、相手方は「横領していない」と主張し、返金も謝罪も拒否。

裁判官の強い説得により、かなり減額した現金での返金と、横領ではなく杜撰だったことへの謝罪で、相手方もしぶしぶ納得し和解成立。裁判官による和解条項読み上げの後、双方に「この内容で和解成立でよろしいですね」と確認して裁判官は退席。

　裁判官退席前に、あれっ、普通だと裁判官がいるところで、しぶしぶでも謝罪の言葉があるのに無かった…。どうしようかと思っているうちに裁判官は退席し、相手方も退席。

　依頼者は、現金を持って裁判所の玄関で「ありがとうございました」と私に言うので、熾烈な事件も一件落着とホッとする。

　ところが、和解調書が届いて依頼者に報酬の請求書と一緒に郵送したところ、「ところで、謝罪はいつしてもらえるのですか？」との電話連絡。

　和解調書に記載したことで終了し、口頭での謝罪はないこと、口頭よりも書面の方が明確で強いことなどを説明するが、「謝罪を受けられるので、少ない金額で和解した。口頭の謝罪がないのなら裁判に戻して欲しい！」と大激怒！　裁判所にも、和解調書に名前の記載された書記官に口頭の謝罪が無かったことの確認と和解を取り消せとの電話。

　私は、無理と思いつつも相手方弁護士に口頭での謝罪をお願いするが、当然のことながら拒否。

　その後、いろいろ依頼者に説明して最終的には納得を得たが、今後は裁判官が退席する前に謝罪してもらうことを徹底しようと大反省。

　でも、裁判官もさっさと退席しないで欲しかった…。

8 終了時の勘所…『何事も、大切なのは 別れ方！』

　依頼された事件について、勝訴・敗訴、辞任・解任と原因を問わず委任関係が終了したら、ごく当たり前のことではありますが、弁護士職務基本規程第44条の「委任の終了に当たり事件処理の状況又はその結果に関し必要に応じ法的助言を付して、依頼者に説明しなければならない。」、第45条の「委任の終了に当たり、委任契約に従い、金銭を清算した上、預り金及び預り品を遅滞なく返還しなければならない。」を早めに行いましょう。

　終了の結果について説明して金銭の清算と書類の返還を行う、という簡単で当然のことなのですが、継続中の事件の処理を優先してしまい、これらの終了処理は後回しになりがちです。

　しかし、後回しにしていると、金銭の清算の遅れで横領と疑われたり、書類の紛失等のトラブルが生じかねません。また、期待した成果を得られなかったような事件だと、弁護士は打つ手がなく終了のつもりが、依頼者は何か対策を考えてくれていると待っており、後に長期間放置されたとのクレームを受ける恐れもあります。

　そこで、終了の時期と考えたら、速やかに金銭の清算と書類の返還を終了報告書を送付して行いましょう。さらに、サンプル8のようなアンケート用紙を同封して回答をお願いすると、事務所の改善やホームページへの掲載による広告に有益です。

　なお、当事務所では、証拠の原本や判決等の依頼者への返還漏れを防ぐため、透明のポリエチレン製の袋を原本袋とし、依頼者に返還すべき書類を預り証の写しとともに保管して法律事務所でよく使用しているパンタレイの事件袋に入れています（写真参照）。

前著『弁護士業務の勘所』『弁護士倫理の勘所』に詳しく記載しましたが、依頼者との別れ方をしくじるとトラブルが長引き苦労するのは、男女関係と一緒なのです。契約書のチェックポイントも、アクシデントが生じたときにトラブルとならずに別れられるような条項になっているかなのです。『何事も、大切なのは　別れ方！』です。

依頼者いろいろ　裁判が終わったら反省会をしましょう！は嫌いです

　　裁判の終結が近づくと、依頼者から「先生、裁判が終わったら反省会をしましょう！　どんな店がよいですか？」とお誘いを受けることがあります。

　決して私を反省させるつもりではなく、感謝のための慰労会のつもりのことがほとんどなので、「鰻が食べたいな〜」などと答えています。でも本当は、祝勝会、しからずとも慰労会と言って誘って欲しいな〜、やはり反省会は嫌だな〜と思います。

Ⅰ 総論

サンプル8　お客様アンケート

アンケートのお願い

　この度は、当事務所をご利用いただきまして、大変ありがとうございます。
　皆様の感想を参考にしながら、日本で一番「ここに相談に来て良かったと思って戴ける法律事務所」になれるよう、事務所の改善に努めてまいりたいと思いますので、お手数でも下記に感想等をご記入して戴き、郵送やＦＡＸ（022-214-2425）等により事務所にお送り戴ければ幸いです。ご協力よろしくお願い致します。

　　　　　　　　　　　官澤綜合法律事務所　所長　弁護士　官　澤　里　美
　　　　　　　　　　　　　　　　　TEL022-214-2424　FAX214-2425

1、当事務所ご利用（相談・打合せ・事件処理）について感想をお教えください。
　　□大変満足　□満足　□普通　□不満
　　コメント→

2、担当弁護士の対応は、いかがでしたでしょうか？
　　（担当弁護士名…官澤・鈴木・丸山・橋本・小向・翠川・長尾・渡邊・浅倉・武田）
　　①感じの良い応対　　　□大変満足　　□満足　　□普通　　□不満
　　②対応のスピード　　　□大変満足　　□満足　　□普通　　□不満
　　③分かりやすい説明　　□大変満足　　□満足　　□普通　　□不満
　　コメント→

3、事務スタッフの対応は、いかがでしたでしょうか？
　　（事務スタッフ名…　　　　　　　　　　　　　　　　　）
　　①感じの良い応対　　　□大変満足　　□満足　　□普通　　□不満
　　②対応のスピード　　　□大変満足　　□満足　　□普通　　□不満
　　③分かりやすい説明　　□大変満足　　□満足　　□普通　　□不満
　　コメント→

4、担当した弁護士・スタッフ・事務所へのメッセージをお願いします。良かった点・悪かった点、ささいなことでも結構です。なお、枠内のメッセージのホームページへの掲載の可否について、右に〇を付してお教え下さい。　→　掲載は、　可　・　不可

　　┌─────────────────────────────────┐
　　│　　　　　　　　　　　　　　　　　　　　　　　　　　　　　　　　　│
　　│　　　　　　　　　　　　　　　　　　　　　　　　　　　　　　　　　│
　　│　　　　　　　　　　　　　　　　　　　　　　　　　　　　　　　　　│
　　│　　　　　　　　　　　　　　　　　　　　　　　　　　　　　　　　　│
　　└─────────────────────────────────┘

　ご協力を頂きまして、大変ありがとうございました。
　匿名でも結構ですが、よろしければ日付とお名前を戴ければと思います。
　　　　　平成　　年　　月　　日
　　　　　　　　　　お名前　　　　　　　　　　　　　　　・匿名希望

COLUMN

想像力の大切さ…
大丈夫ではない人ほど、大丈夫ですと答えるもの！
受験生に希望の灯を！
…東日本大震災と新司法試験…

　どんな仕事でも、相手に対する想像力というものが大切です。相手がどのような状況なのか、どのような気持ちなのか、どのようなことを望んでいるのかなど、想像力を働かせ、相手に喜んでもらえるような振舞い、仕事をすれば良い仕事に繋がっていきます。

　弁護士の仕事においても、それは同じです。依頼者への想像力を働かせれば良い依頼者対応に繋がりますし、交渉相手に想像力を働かせれば良い交渉に繋がります。

　また、相手の状況を心配して「大丈夫ですか？」と聞いたとき、相手が「大丈夫です」と答えたからといって安心であるとは限りません。大丈夫ではない人ほど、大丈夫だと答えることもあるのです。そこで、本当に大丈夫なのかと想像力を働かせることが大切なのです。

　平成23年3月11日に起きた東日本大震災は、司法試験受験生にとっては試験本番2ヶ月前の最後の追込み・仕上げの時期だったため、被災地の受験生に大きな悪影響を与えました。そこで、卒業後5年以内に3回までと定められている、受験年数と回数の制限について、救済措置が図られるよう、同年6月24日付「法律新聞」に下記のような記事を掲載してもらいました。

　しかし、仙台市の受験予定者に対して行われた電話確認では「大丈夫です」「受験できます」との回答が多かったなどの理由により、残念ながら救済措置は実現しませんでした。もっと想像力を働かせ、本当は大丈夫ではない人が多いことに思いを馳せて欲しかったのですが…。

　その後、平成27年の司法試験からは回数制限は緩和され、卒業後5年以

内に 5 回までとなりました。

＊

1　軽めの被災者である私の被災状況

　私は、本年 3 月11日の東日本大震災の被災地である宮城県仙台市の弁護士である。

　津波の被害を受けていないため比較的軽めの被災者であるが、3 月11日の本震で事務所や自宅の本棚等はほとんど倒れて事件記録や書籍等はグチャグチャの状態となった。食料や水の調達のための行列に時間を取られつつも、裁判所でも裁判等を 3 月末頃までは開けない状態だったので、事務所の復旧作業に労力を注ぐことができ、3 月末頃までには継続中の事件の記録や使用頻度の高い書籍の復旧を終えることができた。

　ところが、4 月 7 日に強い余震があり、復旧した棚や事件記録や書籍等は再びグチャグチャの状態となってしまう…。めげながらも事件記録を優先的に復旧していたところ 4 月11日にまた強い余震…。

　事務所は、5 月下旬には概ねの復旧は終えたが、自宅の書籍等は、現在も棚には載っているもののグチャグチャの状態である。

2　受験回数制限への特例措置の提案と反応

　私を含む仙台弁護士会の弁護士117名は、5 月11日～15日に行われた平成23年度の新司法試験について、3 月11日の東日本大震災が及ぼした新司法試験受験生への悪影響の大きさからして、「全受験生について卒業後 5 年以内に 3 回とする受験年数・回数制限から除外する措置を講ずることを求める意見書」を、4 月28日、内閣総理大臣、法務大臣、最高裁判所長官及び日本弁護士連合会会長に宛てて提出した。

　仙台弁護士会も、6 月15日、同趣旨の要請書を採択したのであるが、残念ながら現在までのところ、同意見書に対して前向きの反応は出てきてい

ない。

　ただ、私自身も、大震災の受験生への悪影響の大きさに気付いたのは、恥ずかしながら4月上旬に仙台弁護士会の新人弁護士や法科大学院委員会の委員長から話を聞いてだったのであり、前向きの反応が出てこないのは、受験生への悪影響の大きさが関係者に上手く伝わっていないことも原因となっているのかも知れないと思われる。

　そこで、受験生への悪影響の大きさを紹介しつつ、前記意見書で提案している特例措置の実現への御理解・御協力をお願いしたいのである。

3　大震災の新司法試験受験生への4つの悪影響

　仙台市の法科大学院の修了生数十名から聞いたところを整理・分類すると、受験生は、東日本大震災により概ね次の4つの悪影響を受けており、被災地に居住している者からするといずれも肯けるものである。

①　勉強時間の不足

　グチャグチャになった部屋・家の片付けや食料等の調達等に時間を取られたり、停電の影響により勉強時間が減らざるを得なかった。

　蝋燭の灯で勉強しようとしたが、重要な部分をマークした蛍光ペンが消えることなどから諦めたとの声もあった。

②　勉強道具の欠損

　教科書やノートを自習室や自室に置いたままで急いで避難せざるを得ず、その後の交通途絶等により戻れなくなったため、最後のまとめの勉強に支障が出た。

　新しい教科書を買ったり借りたりしたが、書き込みや線を引いた教科書、整理したノートを使用できなかったのは辛かったとの声が多かった。

③　答案練習への参加不能

　答案練習会が中止になったり、開催されても交通途絶で参加できなかった。郵便等による参加も試みたが、郵便や宅配便の混乱で無理だったとの声があった。

　なお、宅配便の混乱により日弁連の会報「自由と正義」の 3 月号は、仙台市の弁護士の多くには未だに届いていない。

④　共同生活や受験会場未定等による精神的動揺

　自分が被災して避難する、知人が被災して避難されることによる親戚・友人との共同生活が続いてストレスが生じた、仙台市で受験できるのかどうか受験会場がどうなるのか 4 月上旬まで決まらず不安だったとの声があった。

　親しい関係でもストレス無き共同生活は数日が限界であった。

4　自分の身に置き換えての想像を

　読者の方々には御自分の大学受験や司法試験受験のことを思い出して欲しい。そして、想像して欲しいのである。

　試験本番の 2 ヶ月前といえば受験への最後の追い込み・仕上げの時期。その時期に前記のようなことが生じたとしたら、どのような気持ちになるか、どのような影響が生じるかを。

　通常であれば合格点に達したであろう人が、達し得なくなることが生じ得ることは、想像に難くないのである。

　法務省が受験生の救済に前向きでないのは、仙台市での受験予定者全員に電話確認したところ、受験できるとの答えが多く、影響は大きくないと判断しているためと聞いている。

　しかし、受験できるかと聞かれれば、重いケガでもしていなければ受験できると答えるのである。避難所でマスコミの取材を受けた被災者の多く

は、大丈夫です！ 頑張ります！ と答えていたのである。全く、大丈夫ではないのに…。

　想像して欲しいのである。電話の向こうの受験予定者がどんな状態にあったのかを。食料や水を求めて並んでいないか、グチャグチャになった部屋で呆然としていないか、教科書やノートがなく途方にくれていないかと。

5　いくつかの意見や疑問について

　すべての受験生を救済の対象とするのは全く悪影響のなかった受験生も対象となり広すぎる、救済の範囲を限定するのが相当との意見がある。しかし、法科大学院や受験予定地は東北以外でも実家が東北で被災した受験生がいる、親戚や友人が被災しその救援をしたり避難を受け入れた受験生もいる、ということで範囲を合理的に画するのは大変難しいのである。翻って考えるに、仮に全く悪影響のなかった受験生も対象となったとしても、最終的に合格点に達しなければ合格できないのであり、広すぎることによる悪影響はないのである。

　既に回数制限で受験資格を失った受験生、病気等の影響を受けたことがある受験生との関係で不公平ではないかとの声もある。しかし、そのような不公平感は、大規模な災害が生じた際の各種の救済や社会の変化による救済対象拡大の際には常に生じ得るものなのである。

　次年度以降の合格率の低下の不利益が生じると言われることもある。しかし、合格水準点に達しないために予定合格者数に届いていない現状においては、救済策により受験者数が増えて表面倍率が上がり見かけ上の合格率が低下することはあっても、合格水準点に達しても合格できないという不利益は生じないのである。

　私たちが意見書で提案する救済策により、多少の不公平感を受ける人は生じても、実質的な不利益を受ける人や悪影響は生じないのである。

6　人の力でできること…受験生の心に希望の灯を！

　東日本大震災の被災者について、二重ローンの解消・軽減による救済の必要性が大きく取り上げられつつある。救済策について政党間の相違はあるものの、何らかの救済が行われることになるのは確実であろう。

　私たちが意見書で提案する救済策は、債務免除のような合格ラインの引き下げなどではないのである。期限の利益喪失を猶予して欲しい、破綻させず受験のチャンスを与えて欲しい、希望の灯を消さないで欲しいということなのである。

　東日本大震災により多くの人の命が奪われた。その命を人の力で甦らせることはできない。しかし、受験回数制限の特例措置は、人の力でできることなのである。

　人の力でできることにより、受験生の心に希望の灯をともすことに御理解・御協力をお願いしたいのである。

以上

＊

Ⅱ 各論・事件類型別の勘所

1　金銭を請求する事件

1．勘所…無いところからは取れない！

　貸金、売買代金、工事代金等、金銭を請求する類型の事件は、弁護士になりたての頃から相談、依頼を受けることの多い事件です。

　この類型の事件は、相手方が商品の瑕疵や工事の欠陥を主張してくるような場合を除き、支払義務は認めるものの経済的理由で支払が困難であるという場合が多く、裁判で勝つことは難しくありません。しかし、実際に金銭を回収することが困難な場合が多いのです。

　この類型の事件を初めて弁護士に依頼する依頼者は、「それなりの着手金を支払って弁護士に依頼するのだから、それ以上のお金は回収してくれる、裁判に勝てばお金が入ってくる」と思っていることが多いです。

　しかし、裁判で勝訴判決を得て、強制執行による差押えを行うことが可能とはいえ、差押可能な財産が見つからなければ差押えはできません。裁判で勝っても、無いところからは取れない！　私たち弁護士にとっては当たり前のことですが、これを当初から依頼者に理解しておいてもらうことが、この類型の事件の依頼者対応の勘所です。

2．受任時
(1) 相談カードで基礎情報の取得

　あらかじめサンプル9の「相談カード」を依頼者に送付し、基礎的な事項を記入した関係資料のコピーを持参してもらうことで、全体像を短時間で把握することができ、事件の見通しや回収の見込みが立てやすくなります。

　たとえば、債権についての欄では、債権の有無とその種類、さらに裏付け資料の有無を把握します。

　一部の入金があるような場合、資料だけでは現在の債権額がわかりにく

サンプル9　相談カード（債権回収）

官澤綜合法律事務所　TEL022-214-2424　FAX214-2425　　　　相談日：　　　年　　月　　日

法律相談票（債権回収）

相談者　氏名 _____　（担当者　役職・氏名　　　　　　　　　　）
　　　住所　〒　　　　　　　　　　　　　TEL　　　　　　　携帯
　　　　　　　　　　　　　　　　　　　　FAX　　　　　　　e-mail
　　　　　　　　　　　　　　　　　　　　※相談者氏名のみ記入し、名刺添付でも結構です。

債務者 （請求する相手）
　主債務者：氏名 _____　　保証人①：氏名 _____
　　住所　〒　　　　　　　　　　TEL　　　　　　　住所　〒　　　　　　　　　　TEL

　保証人②：氏名 _____　　保証人③：氏名 _____
　　住所　〒　　　　　　　　　　TEL　　　　　　　住所　〒　　　　　　　　　　TEL

債権について
　金額…現在の債権額　　　　　　　　　　円（　　月　　日時点・最終入金日　　年　　月　　日）
　種類…□貸金…貸付日、貸付金額、約束の返済期日を明細欄に記載し、借用証書、請求書等のコピーをご持参下さい。
　　　　□売買代金（売掛金）…売買した日・物品・代金額を明細欄に記載し、契約書、請求書等のコピーをご持参下さい。
　　　　□工事代金…契約日・工事の場所・内容・期間・代金額を明細欄に記載し、契約書、請求書等のコピーをご持参下さい。
　　　　□その他…債権の内容・金額・発生日等を明細欄に記載し、契約書等の資料、請求書等のコピーをご持参下さい。
　［明細］

　担保…無・有（目的物を右に記載）→
　保証…無・有（保証人を上に記載）

債務者について　　　　　　　　　勤務先等　　　　　　　　　　　　　　　　目的物
　主債務者：職業…無・不明・有→　　　　　　　　差押可能財産…無・不明・有→
　保証人①：職業…無・不明・有→　　　　　　　　差押可能財産…無・不明・有→
　保証人②：職業…無・不明・有→　　　　　　　　差押可能財産…無・不明・有→
　保証人③：職業…無・不明・有→　　　　　　　　差押可能財産…無・不明・有→
　不払いの理由…□支払資金の不足　□金額についての争い　□存否についての争い　□その他
　［詳細］争いの内容等を御記載下さい。

相談事項　□請求書の発送　□公正証書の作成　□担保の設定　□仮差押の申立　□担保不動産競売の申立
　　　　　　□現在の手続への不安（交渉中・調停中・裁判中　自分の弁護士　　　　　相手の弁護士　　　　　　　　）
　　　　　　□強制執行（差押）の申立　□調停・裁判を起こしたい・起こされた　□相殺　□その他
　［詳細］差押したい財産や相談事項の詳しい内容を御記載下さい。

いことがあるので、現在の債権額を記入してもらいます。また、消滅時効のチェックのために最終入金日も記入してもらいます。

　また、提訴した場合に欠席判決の見込みがあるのかを把握するため、不払いの理由も記入してもらいます。

　回収の見込みを判断するにあたっては、保証人の有無とその資力や担保の有無、その価値の把握が必要なので、それらについても記入してもらいます。

　その上で、何を相談したいのかを相談事項の欄に記入してもらいます。チェック項目を細かく記載しているのは、新人弁護士の助言漏れを防ぐ意味もあります。すでに何らかの手続が進んでいることもありますので、その点をチェックする項目も設けています。利益相反や不当な介入を避けるために、関与している弁護士の有無とその氏名を聞く欄も設けています。

　資料については、仮差押えの申立てや訴訟で書証の原本取調べを行う際以外には原本は不要なので、まずはコピーを持参してもらうことにしています。事務所でコピーをするとその時間が必要になるので、可能であれば事前にコピーして来てもらう方がよいでしょう。

(2) 事件の見通し説明…回収見込みが最重要！

　相談カードの記載内容や持参資料、聞き取り等により、事件の見通しを説明することになります。

　相手方が内容を争っているがそれを覆すだけの証拠資料が無い場合には厳しい見通しになりますが、前述したように、この類型の事件は相手方が支払義務自体は認めていることが多く、そのような場合は裁判すれば勝てます、との見通しになるでしょう。

　相手方に財産があり、回収見込みも高いのであれば手続を淡々と進めてよいのですが、本人の資力、保証人・担保の状況等からして回収困難な場合は、その説明が不可欠です。

　うっかりその説明が不十分なまま着手金をいただいて裁判を起こしてし

まうと、勝訴判決自体は容易に短期間で取得できますが、その報告をしたところで「では先生、お金はいつ入ってくるのですか？」との質問を受けて困ることになります。差押えできる財産が見つからないのでお金は入ってきませんとでも答えれば、「着手金分も回収できないのですか？！　それなら裁判なんかしなかった！」とクレームを受けることになってしまいます。

　債権回収に慣れた企業の担当者などを除けば、この類型の事件の依頼者は、弁護士に依頼して裁判で勝てばお金が入ってくる。差押えの申立てを裁判所に行えば裁判所が相手方の財産を調べて差押えしてお金を取ってくれる。と誤解していることが多いのです。ですから、受任前の相談の段階で、裁判で勝っても無いところからは取れないことを十分に説明し、それを理解してもらった上でどうするのか決めてもらわなければならないのです。

　私は、「あなたのお話や証拠資料等からして裁判には勝つでしょう。相手の財産の差押えも可能となります。相手のこの財産を差し押えて下さいと財産を特定し、申立てを行えば裁判所は差し押えます。しかし、その財産が見つからないのであれば、財産を探して差押えすることはしてくれませんので、差押えの申立てのしようがありません。私は、仕事ですので着手金をいただけば裁判は行ってもよいですが、費用倒れになりますよ。それでも裁判を行いますか？」と後半は多少冗談っぽく説明するようにしています。

　債権を回収できないだけでなく費用倒れになると知ると、「では諦めます」となる相談者も多いです。

　しかし、中には、債権を時効で消滅させないといった目的や、相手方の財産が見つかったときや仕事が上向くなど将来的に財産ができたときにすぐに差押えできるようにといった目的で、判決を取得しますという相談者もいます。

　要するに、費用倒れのリスクもあることを理解してもらった上での選択

であれば、後でこんなはずではなかった！ とのクレームを受けないで済むのです。

　そのため、裁判の着手金・費用だけでなく、強制執行の着手金・費用・報酬まで説明し、費用倒れのリスクを判断してもらうことが大切です。

ちょっと一言　不動産競売の無剰余取消しを見落とし冷や汗！

　相手方が不動産を有している場合、配当がどの程度くるかは微妙だけれど、競売申立てを行ってみるということがあります。

　そのような場合に注意しなければならないのが、民事執行法63条の無剰余取消しです。不動産の評価や差押債権者に優先する債権の存在等により、差押債権者に配当がくる見込みが無い場合は、競売申立てが取消されるというものですが、不動産の評価のために不動産鑑定士に支払う費用等として予納した数十万円がパーになってしまうのです！

　私は、弁護士になりたての頃、それに気づかず、他の債権者の抵当権が設定された債務者の自宅の競売申立てを行ってしまったことがあります。後で気がついて、まずい！ と思ったのですが、自宅の競売に焦った債務者が、ある程度の金額を準備して競売取下げをお願いに来たので、何とか和解で切り抜けたことがありました。実に冷や汗ものでした！

　相手方の税金の滞納等にも注意し、不動産競売の無剰余取消しを見落とさないようにしましょう！

II　各論・事件類型別の勘所

> **依頼者いろいろ**　**実際の回収金額はゼロでも、経済的利益が大きい場合もある！**
>
> 　依頼者が法人の場合、回収見込みがゼロでも時効消滅を防ぐために裁判を行う場合があります。また、税務上の損金処理を行うため、裁判を行って債務名義を取得したが執行不能ということを明らかにするために裁判を行う場合もあります。
> 　私は最近まで認識不足だったのですが、この税務上の損金処理の経済的利益が大きい場合もあるのです。
> 　ある会社から500万円の売掛金請求事件の依頼を受けた際、相手方に財産が無いとのことだったので、「費用倒れになってもよいのですか？」といつものように確認しました。すると、「毎期数千万円の利益が出ているので、この500万円の売掛金を損金処理できればその分の利益が減って税金も減らせるので経済的利益はあるのです」とのこと。
> 　当事務所の報酬基準では、債権回収事件は回収金額がゼロなら報酬もゼロとしているのですが、「それだけ経済的利益が出るなら報酬もいただいてよいですかね？」と冗談を言ってしまいました。
> 　実際には報酬はもらいませんが、回収金額はゼロでも、経済的利益が大きい場合もあるのだと認識を新たにしました。

3．進行中

(1) 安易に減額を言うな！

　金額に争いがある場合や相手方の財産状態からして回収困難が想定される場合、実際の回収見込み等から減額しての早期解決を勧めたくなることがあります。

　しかし、減額しての早期解決が経済的合理性を持つ場合であっても、安

易に減額を口にすると依頼者の逆鱗に触れる場合があるので要注意です。

　個人間の私的貸借の事件では、その金銭は依頼者の虎の子であることが多いのです。

　仕事を行ったことに対する金銭の請求事件では、依頼者はその代金が入ってこなければ、従業員への給料、仕入先への支払等に窮するといったことも考えられます。

　金融機関の貸金の請求事件では、利息カットくらいは…と言いたくなりますが、金融庁の検査でひっかかるだけでなく、金融機関は利息が売上なのであり、利息が従業員の給料の支払の原資となります。売掛金や工事代金の遅延損害金のカットとは違うのです。

　ですから、次に述べるように熟慮した上で減額の和解を上手に説明するのは大切ですが、安易な減額の提案は禁物です。

(2) 和解のお得さの上手な説明

　この類型の事件においては、依頼者の一番の関心事は実際にいくらの金銭を手にできるかです。

　お金の問題ではなく気持ちの問題だ、相手方を懲らしめたいなどという依頼者もいますが、当初はそのように熱くなっていても、時間が経つにつれ実際に回収できる金銭に関心が移っていきます。

　判決では満額の勝訴判決が確実な場合であっても、実際に回収できる金額を考えたら減額や長期分割にしての和解が得なことが多いですが、前述のように安易に減額を口にするのは依頼者からの不満のもとになります。和解をした場合の経済的なお得さを上手に説明して良い和解を成立させるのが、依頼者のためにも弁護士のためにも大切です。

　それでは、どのように説明するかですが、私は次のように行っています。いつもうまくいくとは限りませんが、参考にしていただければと思います。

① 減額しての和解

多少でも依頼者に敗訴のリスクがある場合は、それを丁寧に説明して納得してもらうようにします。

そのリスクが全く無い場合は、減額を納得してもらうのは容易ではありません。依頼者は、「裁判や弁護士の費用もかかっているのに、なぜ減額しなければならないのか」と思うことでしょう。

そのような場合は、満額の判決が出ても差押えできる財産がなければ回収が非常に困難であること、裁判所は相手方の財産を探してはくれないこと、一方、減額しての和解であれば、相手方も納得の上で裁判所で約束することになるので、家族の協力や他からの調達により回収可能性が高くなることなどを説明し、和解のメリットを納得してもらうようにしています。

さらに、満額の支払義務を入れた上で、和解条項どおりの金額を履行したらその余が免除なるとすれば、相手方もその金額の支払の動機付けが強くなりますので、ますます履行の可能性が高まります。

② 長期分割払いの和解

減額と同様、「なぜ分割に応じなければならないのですか？　一括払いの判決が欲しいです！」と言う依頼者は多いものです。

しかし、これに関しても、全額一括払いの判決を得たとしても、差押えできる財産が見つからなければ支払われる金額はゼロになります。給料の差押えが可能な場合でも、差押えができるのは4分の1なので、長期分割払いでの和解がその金額と同じ、もしくは多いのであれば、判決よりも有利ということになります。

また、分割払いの場合、一定金額以上の滞納があれば、期限の利益を喪失する旨の約定を入れるのが通常ですから、支払がなければその時点で判決を得たのと同じことになるのです。

これらのことを丁寧に説明して、和解のメリットを納得してもらいましょう。

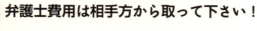

弁護士費用は相手方から取って下さい！

　日本においては、不法行為等の特別な場合を除いて弁護士費用は自己負担であり、勝訴しても相手方には請求できないのが原則です。

　これは、私たち弁護士にとっては自明の理ですが、法曹関係者以外の方々は、勝訴すれば弁護士費用も相手方に請求できると思っていることが圧倒的に多いです。

　しかも、勝訴判決の主文には「訴訟費用は被告の負担とする」との記載がありますので、勝訴判決後に「先生の着手金や報酬も相手方に請求して下さい」と言い出す依頼者もいます。「訴訟費用とは訴状に貼付した印紙や鑑定費用等のことで、弁護士費用は含まれないのです。日本では弁護士を依頼するかどうかは本人の自由なので、依頼した弁護士の費用は勝っても負けても自己負担が原則です」と説明して諦めてもらいます。

　勝訴判決後にそのような説明をしないで済むように、弁護士費用は自己負担であるということを事前に説明しておくことが勘所です。

和解の時期を見誤り、1000万円の勝訴判決を得るも回収はゼロ！

　最近はめっきり減りましたが、以前は約束手形金請求事件を受けることが結構ありました。

　20年くらい前のこと、1000万円の約束手形金請求事件を受任し、裁判の前にまずは何月何日までに支払ってもらえなければ不本意ながら提訴せざるを得ないとの請求書を相手方に郵送しました。

　すると、相手方に弁護士が付き、「資金繰りが厳しいのでなんとか500万円で和解してもらえないか」との電話。

依頼者と打合せの上、もう200万円ほどの上乗せを相手方弁護士に提案しましたが、無理ということだったため、裁判所からの説得を期待して提訴しました。

　相手方弁護士がそのまま裁判も受任するのかと思っていたら、なんと弁護士は付かず、答弁書も提出されずにあっさり1000万円の勝訴判決。

　しかし、差押え可能な相手方の財産が見つからず、相手方弁護士に電話しても「事実上倒産状態となっており任意の支払は無理なので、差押えなど好きにしてくれ」とのこと。うーん、好きにしてくれと言われても、何ともできない…。

　裁判前に500万円で和解しておけば恐らく500万円は回収できたのに、残ったのは使いようがない1000万円の支払を命じる判決という紙切れのみ。和解の時期を見誤りました。でも、相手方の弁護士には裁判も受任して欲しかった…。

4．終了後

(1) 全額回収の場合

　全額回収できたのですから、依頼者との関係で特に注意すべき点はありませんが、預かっていた証拠書類や判決等の債務名義の原本は返還し、預り金や報酬等の清算を忘れずに早めに済ませましょう。

　また、うっかりしがちなのが相手方との関係です。領収書の発行や借用証書の返還を求められることがありますので、きちんと対応できるようにしておきましょう。

　相手方との関係で最近ヒヤッとしたのが抵当権抹消です。長期分割での支払に応じる条件として抵当権を設定していたのですが、完済のころにはすっかり忘れていたのでした。

　当事務所に相手方から最後の入金があり、報酬を差し引いて依頼者に全

額送金して終了と思っていたところ、1ヶ月後くらいに相手方から「抵当権抹消はいつ行ってもらえますか？」との電話があったのです。至急、依頼者と連絡を取り、抵当権抹消の書類を整えて相手方に送り、事なきを得ました。

　このときはすぐに依頼者の協力を得られたからよかったものの、依頼者と連絡が取れなくなっていたり、依頼者が減額や長期分割などで和解内容に不満を持っていて非協力的だったりすると、抵当権抹消に難渋することになってしまいます。弁護士が相手方に対してどれだけの責任があるかは微妙ですが、弁護士が入っての和解で抵当権を設定し、弁護士に送金してきていたような場合は、相手方から責任追及を受ける恐れがあります。

　全額回収して依頼者に最後の送金をする際は、相手方に対する完済後の後始末を終えてからにすべきだと教訓を得ました。

(2) 未回収金額が残った場合

　差押え可能な財産が見つからない、何回か督促しても支払が見込めないといった理由により、近日中にこれ以上の回収をすることが困難であるような場合は、預かっていた証拠書類や判決等の債務名義の原本を依頼者に返還して一度終了としましょう。

　中途半端に書類を預かったままでいると、弁護士としては事実上終了のつもりでいても、依頼者は「まだ終了していない、回収のために努力してくれている」と思っていることもあり、トラブルの原因となる恐れがあります。

　返還の際は、「一度書類を返還して終了とするけれど、差押えできるような財産が見つかれば差し押えるので連絡を下さい。その際には判決等の債務名義が必要となるので大切に保管しておいて下さい。ただし、何年何月頃に時効となるのでご注意下さい」と、丁寧な説明を付け加えましょう。

5．その他
(1) 依頼者への今後のための助言

　全く回収できなかったような場合に、相手方が生活を継続していると、「支払うべきお金も支払わずにのうのうと生活しているのはけしからん！捕まえて強制労働をさせることはできないのか？」と怒りだす依頼者もいます。

　しかし、もちろんそのようなことができるはずありませんので、現代の日本でそのようなことはできないことを説明して納得してもらうしかありません。はっきりとは言いませんが、貸した相手が悪かった、売った相手が悪かったと思うしかないようなこともあるのです。できることなら、最初に貸す相手、売る相手を選ぶべきだった…。

　取引の際に相手方に保証人や根抵当権等の担保を要求することが困難な中小企業等に対しては、まめに訪問するなどして相手方の経営状況を把握し、順調そうなら取引額を増やし、怪しくなってきたら徐々に減らすなどして焦げ付きを減らすのが、債権回収の勘所であると助言しています。

　そして、延滞が生じたら遠慮せずに督促することを助言しています。債務者は、まめに督促する方への支払を先に、督促しない方への支払を後にしてしまいがちです。また、督促しないために支払が溜まって金額が膨れると、ますます支払が困難になってしまいます。まめな督促は、むしろ債務者のためにもなるのです。

　どんなに立派な仕事を行っても、その代金の回収が未了では仕事は完成していないのです。仕事は、代金回収をもって完成なのであり、回収できないような仕事は、仕入れや人件費、各種経費等によりマイナスであり、引き受けない方がよいのです。それだけ、債権回収は大切なものであることを、取引を行う営業担当者に理解させるとともに、弁護士自身も忘れないことが大切です。

(2) やり過ぎの依頼者へのブレーキ

　何とか債権回収しようと勝手に金目の物を持ってくるなど、自力救済の禁止にひっかかるような行為を推奨してはいけませんし、黙認してもいけません。弁護士職務基本規程第14条の違法行為の助長の禁止に反して懲戒の恐れもあります。

　ある依頼者から、仕事仲間への貸金請求の依頼を受け、相手方に請求書を郵送したところ「2ヶ月以内に仕事のお金が入ってくるので、それまで待って欲しい」との連絡がありました。

　2ヶ月後を支払期日とする公正証書にすれば、不履行の際は裁判を行わずに強制執行が可能になると依頼者に説明し、その内容で依頼者の了解も得て公正証書を作成することとなりました。

　そうしていたところ、相手方から「貸金の返済が遅れたのは申し訳ないのだが、自動車の車検証と運転免許証、そして健康保険証を担保として取られていて、仕事にも支障がある。何とか返してもらえないか」との連絡がありました。驚いて依頼者に確認したところ、「それらを担保にとってから一部入金もあった。効果があるのだから、全額返済となるまで返したくない」とのこと。

　しかし、さすがに弁護士が黙認するわけにもいかず、下手をすると刑事問題化することもあり得ると説明し、公正証書作成の日に公証人役場で返却させたのでした。

　弁護士としては当然のことでしたが、結局、約束の支払期日に相手方からの返済はなく、公正証書はあるものの差押えできる財産も見つからず、回収はゼロ…。運転免許証、健康保険証の担保の方がたしかに効果は強かったようです…。

2 金銭を請求される事件

1．勘所…依頼者は早く請求から逃れたい！

　借金や売買・工事の代金、損害賠償、慰謝料等、金銭を請求されているという類型の事件は、債務は認めるがお金が無くて払えないもの（無資力型）、債務を認めず争うもの（債務否定型）、債権者の請求が依頼者の平穏な生活や業務を脅かしているもの（平穏侵害型）があります。

　この類型の事件では、依頼者は多かれ少なかれ早く請求から逃れたいと思っているものです。特に、無資力型と平穏侵害型は精神的苦痛も伴うため、早めに受任通知を発送し、その苦痛を緩和してあげることが勘所です。ただ、苦痛から逃れたいがためにその場逃れの嘘をつく場合があること、苦痛がなくなった途端、「喉元過ぎれば熱さを忘れる」というように非協力的になることがあるので、注意が必要です。

　債務否定型の事件は、裁判で債務の内容を争うため苦労することが多いですが、勝訴しても依頼者に金銭が入ってくるものではないので、後で報酬の支払を渋られることも少なくありません。報酬については、事前に十分な納得を得てから受任することが勘所です。

2．受任時
(1) 着手金以上のメリットを依頼者に与えられるかをチェック

　請求に対して法的な反論の余地は無いが、資金繰りなどの都合で一括支払は困難。しかし、破産を検討する必要があるような債務超過の状態ではなく、平穏侵害型にも該当しないといった場合には、着手金以上のメリットを依頼者に与えられるかどうかをチェックする必要があります。

　このような事件の場合は、減額や分割払いを相手方にお願いするしかなく、相手方の対応によっては、依頼者に全くメリットを与えられないこともあるからです。

依頼者は、支払った着手金以上のメリットはあると期待して弁護士に依頼するのであり、当初はすがるように依頼してきた場合でも、期待したようなメリットが見込めないとなると、弁護士に不満を言い出す場合があります。

ですから、そのような事態とならないように、「相手方の対応次第では、弁護士を依頼しても全くメリットが無い場合もあること」、「弁護士に依頼せずに着手金を支払の一部に充てた方がよいかもしれないこと」をきちんと説明し、それでも依頼される場合は、そのことを書面にしっかりと残しておくと安心です。

(2) 速やかな受任通知の発送

この類型の事件、特に無資力型と平穏侵害型においては、前述のように、依頼者の精神的苦痛を考慮し、委任契約書を締結した後は、速やかに受任通知を発送して相手方から依頼者への直接の請求を止めてあげることが勘所です。

相手方が通常の債権者であれば、弁護士からの受任通知で相手方から依頼者への直接請求は止まり、その後は弁護士に請求や問合せが来ることになります。ただし、相手方が粗暴な人だったりすると、弁護士であっても相手方との直接の交渉やりとりが苦痛であったり、業務への支障が生じることもあります。また、依頼者への直接請求が止まらないことも考えられます。

そのようなことが予想される場合は、受任通知の発送前に法的手続の申立て準備を整えておき、受任通知の発送と同時又は直後に申立てを行って裁判所に舞台を移してしまい、直接の交渉を極小化するのが勘所です。

無資力型なら破産等の申立て、債務否定型なら債務不存在確認訴訟の申立て、平穏侵害型なら訪問架電禁止訴訟や仮処分の申立てを、間髪入れずに行うことにより、依頼者を救うことができるのです。

粗暴な人々、特に反社会的勢力に該当するような人々は、裁判所が苦手

です。相手方が苦手な舞台でのやりとりに持ち込むことで、弁護士自身も胃の痛くなるようなやりとりを極小化できるのです。

白いベンツは恐い人？

　10年以上前、「うっかり高利のお金を借りてしまい家族ぐるみで脅されている。このままでは実家も取られてしまう。何とか助けて欲しい」という相談を受けました。

　これまで支払った金額を利息制限法で計算し直すと、すでに完済しており、さらに200万円程度の不当利得返還請求が可能でした。また、脅されたとなれば、公序良俗違反として元金も含めた請求ができるかも…。相手方について依頼者に聞いてみると、「暴力団関係者で、いつも白いベンツに乗って来る恐い人」とのこと。たしかに、当時はベンツといえば黒が普通で、白いベンツは恐い人が乗っているイメージでした。

　そこで、相談を受けて数日で、元金も含めた支払金額全額の返還請求と架電訪問禁止の訴訟を提起しました。

　当然、相手方は、依頼者を脅したことなど無いと主張しましたが、裁判所には運転手付きの白いベンツで来ていたため、反対尋問で以下のような尋問をしてみることに。

　――あなたは暴力団関係者ではありませんか？
　「違います。」
　――今日は裁判所に運転手付きの白いベンツで来ましたね？
　「はい。」
　――白いベンツに乗っている人は珍しいですよね？
　「そうでしょうか？」
　――車の窓はスモークガラスですよね。
　「そうです。」

> ——運転手が付いたスモークガラスの白いベンツで自宅に乗り込まれたら、普通の人はとても恐いと思いませんか？
>
> 「……。」
>
> 反対尋問で裁判官に相手方が"恐い人"と印象付けることに成功し、判決では全額の返還請求を認めてもらえました。しかし、さすがにベンツの差押えは躊躇…。
>
> ところで、最近は町中で白いベンツを見る機会が増えてきました。
>
> 私の田舎の友人も白いベンツに乗っていました（窓はスモークガラスではありませんが）。今ではもう、この尋問は使えませんね。

(3) 鉄は熱いうちに打て！

前述のように、早めに受任通知を発送して依頼者の精神的苦痛を緩和してあげることが大切なのですが、相手方からの請求が止まり苦痛が消滅した途端、各種申立てへの切迫感が薄れていき、資料の準備が後回しなるなど、非協力的になっていく依頼者がいることにも注意が必要です。

「鉄は熱いうちに打て」とばかりに、各種申立てへの思いが熱いうちに、各種申立てへの依頼者の切迫感が強いうちに、資料の準備や作成を指示して行わせておくことが勘所です。

(4) 依頼者が複数の場合の注意点

この類型の事件においては、主債務者と保証人といったように依頼者が複数となる場合もあります。

そのような場合は、依頼者対応において次のようなことに注意が必要です。

まず、依頼者が複数だといって、1人ひとりについて着手金を算定して合算すると、高すぎることになるという点です。内容や争点が異なっているなら別ですが、内容や争点が同一なのであれば1人分に＋αをする程度

が適正なところです。

　次に、弁護士職務基本規程第32条で「弁護士は、同一の事件について複数の依頼者があってその相互間に利害の対立が生じるおそれがあるときは、事件を受任するに当たり、依頼者それぞれに対し、辞任の可能性その他の不利益を及ぼす恐れのあることを説明しなければならない。」と定められているとおり、将来の利益相反の説明を忘れてはいけません。一見、相手方である債権者に対して一枚岩で臨み、依頼者同士で利害の対立は生じないだろうと思えるのですが、支払わざるを得ない金額が生じた場合の負担割合、責任の押し付け合い、さらには弁護士費用の負担についてまで、利害の対立は生じえますので注意しましょう。

　また、依頼者へのまめな報告の重要性を強調してきましたが、依頼者が複数の場合、報告は弁護士から直接、全員に対して行いましょう。依頼者代表のような人物が存在する場合でも、その代表に対してだけの報告に止めるのは大変危険です。というのは、弁護士が報告書を送った代表が他の依頼者への報告を失念する、場合によっては捏造することが考えられるからです。たとえば、主債務者と保証人の場合、主債務者が代表になることが多いと思いますが、敗色濃厚な報告や敗訴の報告だったりすると保証人には伝えづらく、勝手に楽観的な報告に変えられたり、報告をストップされたりすることがあり得るのです。その結果、保証人は敗訴判決を知らないまま、突然給料の差押えを受けたというような実例もあります。

　同じ内容のものを郵送すればよいのですから、依頼者全員に対して、まめな報告を行いましょう。

(5) 減額報酬への理解を得る

　相手方に金銭を請求して取れたときの報酬というのは依頼者に理解してもらいやすいですが、相手方から請求された金銭を減額できたときの報酬については、依頼者がお金を得られるものではないため、なかなか理解してもらいにくいものです。

しかし、金銭を請求する事件は欠席判決もあり容易なケースもある一方、金銭を請求される事件は困難なケースがほとんどです。弁護士が頑張らなければ、請求された全額を払わざるを得なかったということもあるのですから、減額報酬は当然の権利です。

　そこで、当事務所では、減額できた場合の報酬は回収できた場合の報酬の2分の1と明確に設定した上、減額報酬についてきちんと説明し、それでも渋られるようであれば、受任をお断りするしかないと考えています。

3．進行中

(1) 生活の大変さへの配慮

　この類型の無資力型の依頼者は、財産や収入が少ない人がほとんどで、生活を維持するために必死に働いていることが多いです。

　私たち弁護士は、うっかりするとそのようなことに思いが至らず、なるべく早く申立てをしようとして、依頼者のためとはいえ、依頼者に打合せのため事務所に来てもらったり、依頼者に必要書類を取得してもらったりということを安易にお願いすることがあります。

　もちろん、それが早期の申立てに必要であると依頼者が理解できる打合せや書類であれば問題は無いのですが、弁護士の準備・段取りが悪いために何度も呼び出して同じことを聞いたり、五月雨式に突然書類の準備をお願いしたりすると、依頼者のなかで弁護士への不満が募ってくる可能性があります。

　それが爆発したりしないように、打合せや書類の取得をお願いする際は、依頼者の時間を無駄にさせないような配慮と準備を忘れてはいけません。

「俺は仕事を休んで来ているんだよ！」
　免責に多少問題がありそうなため、破産申立てについて慎重に検討を重ね、打合せのために数回来所してもら

ったり、期限切れの書類が生じたために再度書類を取得してもらったりした依頼者に言われた言葉です。

「事務所に打合せに行くときや、役所等に書類を取りに行くときには、仕事を休んでいるんだ。その時間の時給が減るのは痛いが、お願いしている立場だし、手続を早く行ってもらうためにと歯を食いしばっているんだ！ それをわかっているのか！」と言うのでした。また、彼は「自分はお願いする立場だと思って、勧められてもお茶は頼まなかった」とも言っていました。

乱暴な口調に一瞬ムッとしましたが、すぐに自分の至らなさにハッとしました。

正直に言って、私は、そのようなことへの配慮がこれまで十分ではありませんでした。

今後は準備や段取りを今まで以上にしっかりと行い、依頼者が貴重な収入を削った時間を無駄にさせてはいけない！ と肝に銘じました。

(2) 弱者が善人とは限らない

勧善懲悪的な時代劇風に考えると、経済的な弱者は可哀想な善人で助けられるべき人、強者が懲らしめられるべき人のように思われがちです。

しかし、実際には経済的な弱者が常に善人とは限らないことに注意を要します。

お金の無さゆえに、苦し紛れに言い繕ったり、嘘をついてしまうことがあることを忘れてはいけません。

弁護士がその嘘を見落としてしまうと、依頼者本人が不利益を被るだけでなく、弁護士も責任を追及されることがあり得ますので注意しましょう。

また、依頼者がお金が無くて困っているのを見ると、多少のお金なら貸してあげようかとか、立て替えてあげようかとか、何とか助けてあげたいと思えてくることがないわけではありません。しかし、それを行ってしま

うと弁護士職務基本規程第25条にある「弁護士は、特別の事情がない限り、依頼者と金銭の貸借をし、又は自己の債務について依頼者に保証を依頼し、若しくは依頼者の債務について保証をしてはならない。」に反することになり、助けたつもりが懲戒申立てを受ける羽目になったという例もありますので注意しましょう。

(3) 違法・不当な行為に巻き込まれるな

この類型の債務否定型以外の事件では、支払資金の捻出や生活資金の確保が多かれ少なかれ必要となります。

財産や収入が少ないからそのような事件となっているわけで、真っ正直な対応で進めるのは困難な場合も少なからずあります。すると、不動産売却による資金捻出のときなどに、依頼者から「売却価格や債務の額などについて嘘をつくのはどうか」と提案されたり、弁護士自身も嘘の誘惑にかられることがないわけではありません。しかし、詐欺の刑事責任を問われる恐れもありますので、どんなに苦しくとも嘘は厳禁です！

弁護士には、違法な行為・明らかに不正な行為を抑止する義務があるのであり、依頼者がそれを行おうとするのを見逃してはいけませんし、自らが加担するなどもってのほかです！

依頼者が会社役員などの場合、役員報酬の差押えや仮差押えを受けてしまうことがあります。そのような場合、第三債務者である会社からの陳述書はいかようにも書かせることが可能な立場にあるわけですが、支払われているにもかかわらず支払われていないと記載したり、実際よりも金額を少なく記載したりなど、虚偽の内容を提出させてはいけません。

ある会社社長が、そのようなことを行った上、会社から役員報酬相当の金額を別に自分に送金させて強制執行妨害罪で逮捕された例もあるので注意しましょう。

4．終了時
(1) 依頼者に有利な支払時期もある

　以前はあまり意識しなかったのですが、損害賠償等を多かれ少なかれ支払わざるを得ない事件では、会社の利益が出ている期に賠償金を支払うと、その金額を損金処理できて税金を減額できることがあるのです。

　相手方からの請求に対して「絶対に支払わない、最高裁まで争う」と強硬だった社長が、突然、「再来月くらいまでに一定金額を支払うという和解に持ち込めないか」と言い出し、理由を聞くと「今期はかなり利益が出る見込みなので、今期に支払いたい」とのこと。しかし、相手方と金額で折り合えるかとの問題もあり、そう都合良くは行きませんでした。

　弁護士報酬も経費になるはずなので、利益がたくさん出ているときは奮発して欲しいもの…。

　そういえば、東京の大企業に損害賠償請求を行っていた事件で、平成23年2月頃になって仙台高等裁判所の勧告もあって和解の機運が高まり、3月14日に和解成立見込みとなったところ、3月11日の東日本大震災で裁判所は1ヶ月ほど休廷。翌週、グチャグチャになった事務所の復旧を行っていたところ、相手方弁護士から電話があり、「会社の決算の関係で3月中に和解を成立させて支払を行いたい」とのこと。

　裁判所も私も、裁判も会議も打合せも空白状態だったので、3月22日に高等裁判所での和解期日が簡単に入り、和解成立で3月中に結構な金額が入金となって、依頼者も私も助かりました。

　これも決算をにらんだ調整だったのだと思いますが、支払わざるを得ない事件では依頼者の決算の状況も念頭に置くことが勘所です。

　ちなみに、この裁判所での和解は、東日本大震災後に仙台地方裁判所・仙台高等裁判所で初めて行われた裁判となりました。

現ナマ持参での和解を試みるも相手方拒否

前著『弁護士業務の勘所』で和解の一つの方法として現金持参を紹介しました。

相手方から約1000万円のコンサルタント料を請求されている事件で、全面勝訴の見通しを持っていたものの、種々の理由で早期にゴタゴタを解決しておきたい事情もあり、裁判官の勧めで、クリスマスイブである和解期日に100万円の現金を持参して臨みました。

相手方代理人も和解成立のつもりだったのですが、相手方の本人が細かいことをあれこれ言い出し、和解は決裂して判決に。

依頼者と裁判所から、「この現金はどうしましょうね」、「今日は私の誕生日なのですが、そのお金で派手な宴会をするというのは…まだお昼前なので無理ですね」などと冗談を言いながら帰る。判決は、無事、請求棄却の全面勝訴でした！

(2) 取引銀行への差押えの恐さに要注意

この類型の事件では、金銭の支払を命じる敗訴判決を受けることも少なくありません。

すぐに差押えされるようなことはないだろうなどと油断していてはいけません。仮執行宣言付きの判決であれば、確定前でも差押えされる恐れがあるので要注意です。

多額の預貯金は無いし、不動産も担保が設定されており、差押えしても費用のかけ損だろうと高をくくっていたところ、取引銀行の預金の差押えを受けてしまったことがありました。

預金自体の金額はたいしたことは無かったのですが、銀行から何口かの融資を受けており、預金への差押えは期限の利益喪失の事由に該当するため、このままでは全額の繰上償還を求めざるを得ないとの連絡があったた

め、大慌てで資金をかき集め、相手方への全額支払いによる差押え取下げ、銀行への事情説明により期限の利益の維持と、冷や汗ものでした。

　以前から、答弁書では仮執行免脱宣言を予備的に求めていたのですが、仮執行免脱宣言が付されないこともあるので、その事件の後は、一部でも敗訴の恐れがある判決が近づくと、依頼者にこのようなリスクを説明して執行停止のための担保の準備をしてもらい、仮執行宣言付きの判決が出てしまったら速やかに執行停止の申立てができるようにしたのでした。

街宣活動も大変です…

　辞めた従業員からの不当な金銭請求を拒否したところ、依頼者の会社の周りに街宣車がやってきて「労働者の虐待をやめろ！」などと街宣活動。依頼者の業務に支障があるので、まずは相手方に電話で「このままでは街宣禁止の仮処分申立てや業務妨害による刑事告訴を行わざるを得ない」と警告。

　しかし、相手方は、「弁護士から通知が来たからといって止められない。単なる仮処分でも止められない。違反したら1回何万円という仮処分が出れば止める。止めたければ、早くそのような内容の仮処分の申立てをしろ！」とのこと。

　そこで、助言（？）に従い、最初から違約金までつけた街宣禁止の仮処分申立てをすることに。

　審尋の際も、相手方は、申立ての理由をほぼ認めるものの、違約金付きの街宣禁止の仮処分決定が出なければ街宣を止めないと主張。その結果、数日後には相手方が求めたような仮処分決定が出されて、街宣活動もストップ。

　街宣する側も、誰から頼まれているかは絶対言わないものの、お金をもらって行っている以上簡単には止められないので、止める口実として違約金付きの街宣禁止の仮処分決定が欲しかったのだと納得。街

宣活動もビジネスで大変だな〜と思ってしまいました。

5．いつかは使いたい？ 名（迷）反論
(1) 社交儀礼・言葉のあや
　相手方から「依頼者が口頭で約束したのだから支払え」と請求されている事件でのこと。

　依頼者に聞くと「それらしきことは言ったが、その場の雰囲気で言っただけで本気ではなかった」とのこと。

　どうやって法的に反論しようかと内心悩んでいたら、弁論準備の手続きの際に裁判官が「ま、社交儀礼、言葉のあやのようなものですね。」と発言。おっ、この言い回しは使えると思いました。

(2) 役員在職を条件とする負担付き贈与
　ある公益法人の存続の基礎となる不動産を贈与した役員が、同法人の運営に悪影響を与える専横・失態を重ねて役員を解任されたところ、「その贈与は自分が役員として在職することを条件とした負担付き贈与である」と主張して不動産の返還を請求。しかもその負担付きについての合意は黙示の合意だとのこと。

　その主張が認められれば、その公益法人は、その役員を解任すれば不動産を喪失することになって存続できなくなってしまうため、同人の専横を止められないことになってしまう…。

　巧みな主張だとは思うものの、そのような重要な合意が黙示で認められるのは困難です。ただ、和解に持ち込むための取りあえずの迷反論としては使えるでしょうか。

(3) 代金の支払困難を残金免除の条件とする売買契約
　相手方が経営する会社の株を相手方に売却した父親が亡くなり、その売

却代金の残金2000万円の請求を息子が行ったところ、相手方から「私はあなたのお父さんと親しかった。契約書などは無いが、私（＝相手方）が代金を支払えなくなったら、残金を免除するとの条件付きの契約だった」との反論を受け、考えたこともないトンデモ主張で驚きました。

　形式的にはありうるのかもしれませんが、要は、代金を払えなくなったら払わなくてよい売買契約ということになります。この屁理屈には裁判官とともに苦笑いでした。

(4) 私がそのような人間でないことは顕著な事実

　ある宗教法人の運営をめぐる争いについて相談にのっていたところ、その宗教法人にお金を出しているという人物が、宗教法人の役員等を被告として数億円の損害賠償請求を提訴。何を思ったか、私がその宗教法人の乗っ取りを企てている黒幕と主張され、私も被告に加えられてしまったということがありました。

　もちろん事実無根ですが、その訴状が自宅に送達されたため、妻からは「負けたらどうするの？！」と心配をされてしまいました。

　これが他の人の事件であれば相当な着手金をもらえますが、自分の事件ではただ働き…。

　まともに反論するのも腹立たしく、「被告官澤が宗教法人の乗っ取りを企てるような人間でないことは、裁判所にとって顕著な事実であり速やかに請求を棄却する旨の判決を求める」との答弁書を提出。もちろん、原告の請求は棄却されました。

3　男女関係をめぐる事件

1．勘所…依頼者の感情を上手にコントロール！

　離婚、婚約破棄、不倫など、男女関係をめぐる類型の事件は、古典文学にも取り上げられるようにどんな時代でも尽きないものです。愛憎様々な感情が絡まりあうがゆえに文学作品にもなるのでしょうが、その感情に弁護士までもが振り回されて苦労することも生じがちです。

　一度は好きになった者同士。なんとか綺麗に解決できないものかと思うのですが、可愛さ余って憎さ百倍のパターンも少なくありません。

　そのようなこともあってか、この類型の事件の依頼者は、相手方が悪く、自分は被害者であるということを過度に強調したがり、それを調停委員や裁判官にわかって欲しがることが多いです。自分の方が浮気や暴力などをしていて、悪いことをわかっている依頼者でも、「自分が悪いのだけれど相手方にも悪いところがある、自分も被害者なのである」といったことを言いたがるケースが少なくありません。

　たしかに、相手方が一方的に悪いこともあります。しかし、それを感情的になって声高に調停委員や裁判官にぶつけすぎると、内心で「浮気した相手方が悪いのだろうけれども、ちょっとしたことでこのように声高に責められていたのでは浮気に走った気持ちも多少わかる…」と思われかねず、解決に有利には働かないことがありえます。

　そこで、そのような感情的な言葉は、事前に弁護士が十分に受け止めて咀嚼した上で、代理人として調停委員や裁判官に適切に伝えます。本人には、調停委員や裁判官の同情を引くように、しおらしい態度でいてもらうよう言い含めておくなど、依頼者の感情を上手にコントロールすることが勘所です。

　ところで、この類型の事件では、未成年の子供がいない場合は、一度嫌いになった２人を元に戻すのは困難ということで、基本的には別れとお金

の話に収斂させればよいと思っています。しかし、未成年の子供がいる場合は、その子供のことを第一に考えさせたいと思っています。

　夫婦は離婚すれば他人ですが、親子は離婚して親権者にならなかったとしても親子のままです。離婚は、子供に多かれ少なかれ悪影響を与えるものですから、親の都合で離婚する以上、子供への悪影響は可能な限り少なくするのが親の義務ではないかと考えています。

　そのため、私は、依頼者の意思に反することもあるのかもしれませんが、未成年の子供がいる場合は、子供への悪影響を少なくすることを密かに弁護士としての勘所としています。

2．受任時
(1) 相談カード等の上手な活用

　前述のように、この類型の依頼者は、相手方が悪いということをわかってほしくて、経緯等を長々と話したがるものです。その話の中には、事件の解決に関係のあるものと関係のないものが混在しており、無制限に話に付き合っていると時間が足りなくなってしまいます。しかし、無関係だからということで話を遮ると、依頼者にとっては話を聞いてもらえなかったという不満が残ります。また、無関係と思ったことが、実は後で重要なポイントだったと判明し、再度聞かざるを得ないことも時折起こります。

　そこで、聞き取りの時間を節約するために、そして聞き漏らしを防ぐために、サンプル11のような「相談カード」を用意して、事前に基礎的な事実関係、相談事項等を記入してもらい、基礎資料とともに持参してもらうと、短時間で事件の概要を把握でき、依頼者の感情的な話に傾聴するための時間を確保できることになります。

　その時間を確保して依頼者の話に傾聴できれば、「これだけ話を聞いてもらったのだから、この弁護士の言うことも聞こう」という気持ちになり、結果として、依頼者の感情を上手にコントロールしやすくなるのです。

当事務所では、約20年前にサンプル10の「離婚問題解決のための準備」を作成し、離婚問題を抱えた依頼者に事前に郵送して記入・準備をしてもらってきていました。この内容は、これまでに経験した調停委員とのやりとりなどから、あらかじめ聞いておいた方がよいと思ったものを網羅していますので、依頼者にこれを記入してきてもらった上で、初回相談の際に足りない部分や疑問に思った部分を聞き取って書き込むと、あとは調停でも裁判でもこれを見ればOKと重宝しています。また、家庭裁判所の書記官とどうしたら調停を充実させられるかといった意見交換をした際に資料として配布したり、仙台の弁護士との勉強会で配布したりと、活用してもらっていました。

　ただ、現時点では依頼までは考えていない、簡単な助言が欲しいといった相談者には、10頁（あたま紙を含めて11頁）もの用紙に記入することは大変すぎるという声もあり、サンプル11のような1枚にまとまった「相談カード」を作成しました。まずはこのカードへ記入をしてもらい、本格的に受任となった段階で、詳しい準備メモへ記入してもらうことにしました。

　サンプル11の「相談カード」は、1枚ではあるものの、把握すべき基礎的な事実関係を網羅できるようになっており、さらに、注意すべきことや検討すべきことが漏れないように工夫しています。

　例えば、相談者の欄の右側には、連絡の際の注意事項のチェック欄を設け、中央付近には財産分与や年金分割の検討に必要な情報を網羅的に記入してもらい、相談事項の欄では、離婚の際に検討すべきことを見落とさないように項目を記載しています。

　ぜひ、皆さんの事務所でも参考にしていただければと思います。

サンプル10　離婚問題解決のための準備…p.1

離婚問題解決のための準備

　離婚問題（離婚するかしないか、財産・子供の問題をどのように解決するか等）を迅速・適切に解決するためには、早期に夫婦の実情について正確に把握させて戴く必要があります。
　そこで、夫婦の実情について、わかる範囲で結構ですので別紙に御記載いただき、次のものとともに事務所にお届けください。

1　戸籍謄本（全員が記載されているもの）
2　住民票謄本（全員が記載されているもの）
3　委任状
4　夫婦の財産を証する書類（コピーで結構です。）
　　　不動産登記簿謄本
　　　貯金通帳
　　　生命保険証書
　　　給料明細書等
5　夫婦の借金を証する書類（コピーで結構です。）
　　　借用書、請求書等
6　その他

サンプル10　離婚問題解決のための準備…p.2

住　所　連　絡　先

依頼者（夫・妻）氏名　_____

　住所　〒

　　　（電話　　　　　　　FAX　　　　　　　　　　）

　勤務先（名称　　　　　　　　　）

　　所在地
　　　（電話　　　　　　　FAX　　　　　　　　　　）

　その他連絡先

相手方（夫・妻）氏名　_____

　住所　〒

　　　（電話　　　　　　　FAX　　　　　　　　　　）

　勤務先（名称　　　　　　　　　）

　　所在地
　　　（電話　　　　　　　FAX　　　　　　　　　　）

本　籍

最後の同居場所
　夫の現住所・妻の現住所
　次の住所

サンプル10　離婚問題解決のための準備…p.3

離 婚 問 題 解 決 へ の 希 望

1　a　離婚を希望
　　b　離婚しないで円満な夫婦関係に戻りたい

2　離婚の場合
　A　未成年の子供について
　　　現在、どこにいるか

　　　子供を　引き取りたい・引き取らなくてもよい

　　　子供の養育の方法・養育費についての考え

　B　財産問題
　　　夫婦の財産の分け方についての考え

その他、御意見・御希望・御質問等ございましたら御記載下さい。

サンプル10　離婚問題解決のための準備…p.4

自　己　の　経　歴

依頼者（夫・妻）
　　大正・昭和　　　年　　　月　　　日生
　　兄弟姉妹　　　　名の　　　　番目
　　父　氏名　　　　　　　　　　健在・昭和・平成　　　年死亡
　　母　氏名　　　　　　　　　　健在・昭和・平成　　　年死亡
　　実家・父母の職業

　父母兄弟姉妹についての特別な事情の有無
　　無・有

　最終学歴
　　　昭和・平成　　　年　　　　　　中学・高校・短大・大学　卒業
　結婚前の職歴

　離婚歴の有無
　　無・有　相手方氏名
　　　　　離婚の時期　昭和・平成　　　年　　　月　　　日
　　　　　離婚の理由

　現在の結婚外の子供の有無
　　無・有　人数・年齢
　　　　　誰との子供　離婚相手・その他（　　　　　　　　　　）
　　　　　子供の生活　離婚相手と同居・自己と同居・独立

　その他

サンプル10　離婚問題解決のための準備…p.5

相　手　の　経　歴

相手方（夫・妻）
　大正・昭和　　　年　　　月　　　日生
　兄弟姉妹　　　名の　　　番目
　父　氏名　　　　　　　　　健在・昭和・平成　　年死亡
　母　氏名　　　　　　　　　健在・昭和・平成　　年死亡
　実家・父母の職業

父母兄弟姉妹についての特別な事情の有無
　　無・有

最終学歴
　　昭和・平成　　年　　　　　　中学・高校・短大・大学　卒業
結婚前の職歴

離婚歴の有無
　　無・有　相手方氏名
　　　　　　離婚の時期　昭和・平成　　年　　月　　日
　　　　　　離婚の理由

現在の結婚外の子供の有無
　　無・有　人数・年齢
　　　　　　誰との子供　離婚相手・その他（　　　　　　　　）
　　　　　　子供の生活　離婚相手と同居・自己と同居・独立

その他

サンプル10　離婚問題解決のための準備…p.6

　　　　　　　結　婚　・　子　供
結婚のきっかけ
　見合　仲人の氏名
　　　　仲人との関係
　恋愛　知合ったきっかけ

結婚前の同棲の有無　無・有
　同棲開始時期　昭和・平成　　年　　月　　日
　同棲場所住所

相手方と結婚しようと思った理由

結婚式の時期　昭和・平成　　年　　月　　日
婚姻届提出日　昭和・平成　　年　　月　　日
結婚当初の住所・親との同居の有無
　住所

　　　　　（家屋は　賃借・　　　　の所有）

　　親とは　別居・　　　　の親と同居

実子の有無　無・有

氏名	生年月日	学校・職業	住所

養子の有無　無・有
　　　氏名　　　縁組年月日　学校・職業　　住所

サンプル10　離婚問題解決のための準備…p.7

結婚後の住所・職歴

結婚後現在までの住所（親と同居の場合は付記のこと）

年月	

結婚後現在までの夫婦の職歴

年月	

現在の夫婦の収入

　夫　月　　　万円　　収入源
　　（年収　　万円）

　妻　月　　　万円　　収入源
　　（年収　　万円）

サンプル10　離婚問題解決のための準備…p.8

夫　婦　の　財　産

夫・妻名義を問わず、夫婦の財産すべてについて御記載下さい。
内訳のところには、財産の内容・金額・名義等を御記載下さい。

不動産（土地・建物）
　無・有　内訳

預貯金
　無・有　内訳

保険・共済
　無・有　内訳

電話加入権
　無・有　内訳

自動車
　無・有　内訳

サンプル10　離婚問題解決のための準備…p.9

動産（通常の家財道具以外のもの）
　　無・有　内訳

その他（貸金、売掛金、株式、出資金、ゴルフ会員権等）
　　無・有　内訳

＊以上の財産のうち、結婚前から保有していたものの有無
　　　無・有　内訳

＊借金
　　　無・有　内訳

サンプル10　離婚問題解決のための準備…p.10

問題が生じた原因

夫婦に問題が生じた原因（該当するものすべてに丸をつけて下さい）
- a　夫・妻の浮気
- b　夫・妻の家出
- c　夫・妻の精神病
- d　夫・妻の暴力
- e　夫・妻の借金
- f　親とのトラブル
- g　夫・妻に思いやりがない
- h　夫・妻が家庭を大事にしない
- i　夫・妻の宗教活動
- j　夫・妻の性的関係の異常
- k　性格の不一致
- l　その他

夫婦に問題が生じたいきさつ・話合いの経過等を年月順に記載

年月	

サンプル10　離婚問題解決のための準備…p.11

いきさつ・話合いの経過の続き

年月	

サンプル11 相談カード（離婚問題）

官澤綜合法律事務所 TEL022-214-2424 FAX214-2425　　　　　　　　相談日：　　　年　　月　　日

相談カード（離婚問題）

相談者（夫・妻）氏名（ふりがな）_____　西暦　　年　　月　　日生（　　歳）
本籍
住所 〒　　　　　　　　　　　　　　　TEL　　　　　　　　　携帯
　　　　　　　　　　　　　　　　　　FAX　　　　　　　　　e-mail
　　　　　　　　　　　　　　　　　　※連絡注意事項　無・住所秘密・手紙禁止・弁護士名表示禁止・その他

相手方（夫・妻）氏名（ふりがな）_____　西暦　　年　　月　　日生（　　歳）
住所 〒　　　　　　　　　　　　　　　TEL　　　　　　　　　携帯
　　　　　　　　　　　　　　　　　　FAX

結婚日　西暦　　年　　月　　日　同居中・別居中→西暦　　年　　月　　日に別居　子供は…相談者宅・相手方宅・

子供　無・有→名前（ふりがな）　　　　年　／　生・名前　　　　年　／　生・名前（ふりがな）　　　　年　／　生
　　　　　　（学校・職業　　　　　　才）・（学校・職業　　　　　　才）・（学校・職業　　　　　　才）

職業（会社名等具体的に）・収入　　　　　　　　　　　　　　　　　　　　　　　　　　　：　　年金
自分…　　　　　　　　　　　　　　　　月収　　万円　年収　　　万円　：　国民のみ・厚生・共済
相手…　　　　　　　　　　　　　　　　月収　　万円　年収　　　万円　：　国民のみ・厚生・共済

財産関係　※結婚前から保有していたもの、結婚後に相続・贈与を受けたもの　には明細欄記載の際に○を付して下さい。
・**不動産**…無・有→名義、どんな不動産か（自宅、アパート、田畑等）、時価を明細欄に記載。　・**自動車**…無・有→名義、車種、ナンバーを明細欄に記載。
・**預貯金**…無・有→名義、金融機関、金額を明細欄に記載。　・**その他**（生命保険、株、投資信託等）…無・有→名義、内容、金額、受取人等を明細欄に記載。
　【明細欄】

借金　無・有→名義と内容…

離婚についての考え…　離婚したい　・　離婚したくない　※離婚したい人はその理由、したくない人は相手が主張している理由を下記に記入して下さい。
□自分・相手の不倫　□暴力・精神的虐待　□性的不調和　□自分・相手の浪費・借金　□生活費を渡さない　□自分・相手の両親との不和
□その他（病気、性格の不一致等）…

相談事項　□離婚の可否　□婚姻費用（現在の生活費）　□子供の親権　□子供との面会交流　□子供の養育費　□財産分与　□年金分割
　　　　　　□慰謝料　□現在の手続について（交渉中・調停中・裁判中　自分の弁護士…　　　　　　　相手の弁護士…　　　　　　　）
　　　　　　□その他…

人間関係図　家族、不倫相手等の名前等を記入して下さい。　　　　　　　　　　　※できれば戸籍謄本をご持参下さい。

```
          ----------㊛────────㊚----------
               （  歳）　　　（  歳）           ※その他の同居人等
                    │                              ・
         ┌──────────┼──────────┐                 ・
         ㊤          ㊤          ㊤                ・
      （男／女：歳）（男／女：歳）（男／女：歳）
```

> **依頼者いろいろ**
>
> **定年祝いの電話かと思ったら…**
>
> 　古い知人から突然の電話。
> 　「もうすぐ定年なのだが、単身赴任中だったところに妻から夕食の誘いの電話があり、定年祝いかなと喜んで指定された店に行ったら、なんと離婚の話を切り出された」とのこと。
> 　聞けば、浮気や暴力なども無いそうで、どうしたらよいのかと悩んでいました。
> 　実際にこのようなことがあるのだと驚きましたが、夫婦関係は油断大敵です…。

(2) 事実と意思の確認

　この類型の事件では、離婚をしたいのか、したくないのか、親権者になりたいのか等の依頼者本人の意思確認を慎重に行う必要があります。

　というのは、この類型の事件では、親や親戚、友人等が一緒に相談に来ることも少なくなく、特に一緒に来た人の方が「相手方は悪い奴だ」と熱くなっているような場合、依頼者が本心を言いづらい可能性もあるからです。

　そのような場合は、「夜の夫婦関係のことなどもお聞きする必要がありますので…」などと言っていったん依頼者以外の人には退室してもらい、依頼者が本心を言いやすい状況にして話を聞くのが勘所です。すると、思わぬ本心が聞ける場合もあります。

　また、不倫や婚約破棄の相手方に各種の請求を行う場合、男女関係のもつれをめぐっての内容となりますので、相手方の私生活に影響を与えることが多いです。依頼者の主張している事実が真実であっても、相手方への請求の仕方には一定の配慮が必要です。また、万が一依頼者の言う内容が虚偽だったりした場合には、非の無い相手方の私生活に取り返しのつかな

いダメージを与えかねません。

　そのため、相手方へ請求する前には、慎重に事実確認を行う必要があります。少しでもおかしいなと感じたら、請求前に周辺調査や相手方への事実確認の連絡を行った方が安全です。前著『弁護士倫理の勘所』に記載しましたが、結婚詐欺による慰謝料請求の依頼を受けたところ、依頼者の妄想だったという実例もあります。

絶世の美女と結婚した普通の男性の悲哀

　「新婚6ヶ月なのだが、離婚することになったので注意点を教えて欲しい」という相談を受けたときのこと。

　事情を聞くと、妻は、絶世の美女で性格も良く、いつも男性に囲まれているような女性で、依頼者の男性は「自分には不釣り合いだ」と思っていたそうです。運良く結婚できたものの、結婚後も他の男性からのアプローチが多く、妻がちょっと病気をすると見舞いの男性がひっきりなしに来るような状況で、とうとう、ある男性との浮気が発覚したのだそうです。「普通の結婚には収まらない女性なのだ」と離婚することになったということでした。

　慰謝料を請求できることを助言すると、「いや、6ヶ月間彼女と夫婦でいられただけで十分です」とのこと。

　うーん、弁護士に相談することなんか無いじゃないか。結局、自慢に来ただけじゃないのか…。

　私もどんな女性か気になり、写真は持ってきていないのか聞いてみましたが、持ってきていないとのこと。写真を見たかった…。

　10年以上たった今でも、事実確認が不十分だったと心残りです。

(3) 依頼者に都合の良い裁判所で手続を

どのような事件もそうですが、可能であれば依頼者やその代理人である弁護士に都合の良い裁判所で手続を行いたいものです。

この類型の事件の場合、当事者である男女が離れた土地に居住していることも多く、どちらの住所地で手続を行うかは重要な問題となってきます。特に、幼い子供を抱えた女性が依頼者の場合、預貯金や収入が少ない、交通費が準備できない、仕事を休めないなどといった事情により、相手方のいる遠方の裁判所となれば手続を見送らざるを得ないことも生じかねません。

離婚訴訟は調停前置主義ですが、調停の管轄が相手方の住所地であることが悩ましいところです。家事事件手続法第9条による管轄が無い依頼者の住所地の裁判所での自庁処理の上申を行うことを試みることもありますが、そう簡単には認めてもらえません。調停は相手方に出席してもらわないと進まないからでしょうが…。

親権者についての争いがなく離婚自体は合意しやすい場合は、まずは協議離婚を成立させてしまい、財産分与や養育費については家庭裁判所に審判申立て、慰謝料については地方裁判所に訴訟提起とすると、相手方住所地で行わざるを得ない調停を飛ばすことができます。離婚自体が成立していると、離婚事由を認めてもらうための夫婦のこれまでの経緯といった長々とした書面作成や尋問等を行わずに済むのもよいところです。

今後、電話による調停の利用が広がっていけば、このような悩みは減っていくのでしょうが…。

地元の名士の男女関係のもつれはどこの裁判所で？

地元有名企業の社長が、男女関係のもつれを手切れ金で解消しようとしたところ、遠方に住まわせていた女性が怒って会社

にまで電話や訪問を行いそうな勢い。

　金額の上積みによる交渉での早期解決を図るも、どうも困難そうなので、電話・訪問の禁止と一定金額以上の債務不存在確認の裁判を急いで起こすことに。

　訪問を禁止する自宅と会社の住所は記載しましたが、マスコミの訴状閲覧等で知られるのを防ぐため、会社名は記載せず地元の裁判所に提訴！ と思いましたが、直前でストップ。地元の裁判所だと出廷には便利だが、地元の名士なのですぐに知られるのでは…。

　依頼者に尋ねたところ、「出廷には不便で交通費がかかってもよいから遠方の裁判所にして欲しい」とのことで、あえて遠方の裁判所に提訴することに。

　たしかに、自分がそんなことになったら、顔見知りの多い地元の裁判所では格好悪くて嫌ですね。そんなことにならないように注意します…。

3．進行中
(1) 調停委員や裁判官を味方にする

　良い解決を早く得るためには、裁判所を味方にすることが勘所です。まして、この類型の事件は、法律で杓子定規には決めにくい調整や決定もありますので、調停委員や裁判官に、依頼者に同情してもらい味方になってもらった上で調整や決定してもらえると大きな違いが出てきます。依頼者にとって十分に満足できる結果ではなかったとしても、調停委員や裁判官が自分の味方になって決めてくれたのだと依頼者も納得しやすくなります。

　そのためには、前述のように依頼者の感情を上手にコントロールすることが勘所です。

　依頼者がDVの被害者の場合、ひどい被害を受けてきているがゆえに、弁護士がその感情をコントロールすることは容易ではありません。しかし、

本人が声高に被害や相手方の悪さを強調し過ぎると、調停委員や裁判官に引かれてしまい、「相手方の気持ちもわかる…」などということになりかねません。

　かといって、依頼者の思いを制御し過ぎると、依頼者の不満が溜まることになります。

　このような依頼者の場合は、弁護士が一度は十分に時間をとって感情的な思いを傾聴し、その思いを受け止めてあげましょう。その上で、裁判所で本人が強く主張しすぎると逆効果となることもあり得ることを説明し、裁判所では弁護士が代理人として冷静な言葉で相手方の酷さを調停委員や裁判官に適切に伝えます。本人には調停委員や裁判官の同情を引くような態度でいてもらうことが効果的です。

　これに対し、依頼者が有責配偶者の場合は、コントロールがしやすいです。

　もともと依頼者が悪いのですから、まずは「あなたが悪いのですよ」と指摘し、自覚させましょう。ただ、有責配偶者にも「性交渉を拒否された」「給料が思うように増えないことを責められた」など多少の言い分がある場合もありますので、それは弁護士が控え目に代弁してあげて本人には詫びの姿勢のみ示させます。

　それに対して、相手方が声高に依頼者の浮気や暴力を非難し続けていると、いつの間にか、調停委員や裁判官が有責配偶者である依頼者の味方になってくれることもないわけではありません。

　容易ではありませんが、依頼者の感情の上手なコントロールを心掛けて下さい。

依頼者に暴力を振るう夫の言い分

　子供のしつけが悪いと夫から何回か殴られ、子供を連れて家出した依頼者（妻）の離婚訴訟。

> 相手方は弁護士を依頼せず、「反省しているので戻ってきて欲しい」と法廷で裁判官に訴えました。しかし、裁判官から殴ったことについてはどのように考えているのかと聞かれたところ、「殴ったのは悪かったが、年に２、３回だった。何人かの友達に相談したら、お前が悪いという友達もいたが、それくらい普通じゃないかという友達もいた。相手に悪いところがあればまた殴るかもしれない」とのこと。
>
> それは全く普通ではありません！ と、私も裁判官も絶句…。

(2) 嘘は大損！

　財産分与や遺産分割の特別受益が問題となる事件の場合、依頼者のなかには算出に関係する財産を隠したがる人もいます。

　しかし、嘘をついて財産を隠してしまうと、後でそれが発覚した際に調停委員や裁判官の印象は大変悪くなりますので、その後は本当のことを主張しても信用してもらえなくなり、結果的に大損ということになってしまいます。

　弁護士には弁護士職務基本規程第５条で真実尊重義務が課せられていることでもありますし、裁判所から金融機関等への調査嘱託等で財産を隠し通すことは困難であること、そして前述のように嘘は大損であることを依頼者に説明し、嘘をつかせないことが大切です。

　ただ、相手方に金融機関名までは知られたくないという依頼者の気持ちもわからないではないので、調停の段階では、書類上は金融機関名を伏せて金額のみ明らかにし、調停委員に通帳の現物を見せて確認してもらうということもひとつの方法です。

　嘘はつかせないことを守りつつ、依頼者の意思も無下にしない方法を工夫してみて下さい。

依頼者がセイシン病院に入院した？

　自分に非がありながら離婚条件について譲歩せず、調停委員から預金の開示を求められても応じようとしない、主張もコロコロ変わるし態度も強硬ということで手を焼いていた依頼者がいたのですが、その家族から「本人がセイシン病院に入院したので、次の調停にはいけません」との電話。

　精神科病院に入院したのか…と思っていたのですが、その後裁判所に連絡の必要があり家族に「どこの精神科病院に入院したのですか？」と確認したところ、実は、精神科病院ではなく逓信病院という名前の病院と判明。

　裁判所に精神科病院に入院したと連絡してしまっていたら、依頼者から大目玉でした。聞き間違いには注意しましょう！

(3) 決めどきがあることを依頼者に理解させる

　相手方から離婚を求められた依頼者のなかには、よりを戻すつもりは全くなく、自分も離婚する気持ちであるものの、「自分と離婚したら浮気相手と再婚するのだろうから邪魔したい」「相手方の言いなりのようで悔しい」「もっと財産をふんだくってやりたい」などという気持ちから離婚には応じないという人も少なくありません。

　離婚したくないのであれば、そして裁判上の離婚原因が認められないのであれば、離婚に応じないということでよいのですが、依頼者本人も、実は離婚したい気持ちなのであれば、物には売りどきがあるように、離婚にも決めどきがあることを依頼者に理解させるのが勘所です。

　相手方が離婚したがっているうちが、離婚の決めどきなのです。

　相手方が浮気相手と再婚したくて離婚したがっているうちであれば、財産分与、慰謝料、養育費等について、通常の相場より好条件を引き出せま

す。しかし、意地で離婚を拒否しているうちに相手方が浮気相手にふられたりすると、離婚の条件は相場並みに下がってしまいます。挙句、「やっぱり家に戻りたい」などと言われたりしたら、復縁の気持ちなど無い依頼者にとっては最悪の事態です。

そこで、そのようなことを説明しつつ、「次の良い配偶者を探そう！」と離婚の決めどきを逃さぬように依頼者の背中を押してあげることも大切なのです。

依頼者いろいろ　離婚に応じた方がよいのか迷っています…

家を出て浮気相手と暮らす夫から、離婚請求を受けた妻。幼い子供を抱え、離婚に応じた方がよいのか迷っているとの相談を受けました。このような場合、弁護士がどのように助言するかは難しいところ…。

「離婚したら浮気相手と再婚して子供をもうけ、その子供は大切にしても、私との子供への養育費は十分には支払ってくれなくなるのでは」と悩んでいるとのこと。

しかし、離婚を拒み続ければ、婚姻費用を支払い続けてくれるのか？　場合によっては復縁の可能性もあるのか？　と問えば、「それは難しいかもしれない」とのこと。

どちらの道がよいのか、本当のところはわからないもの。

弁護士としては、双方の道の今後の可能性を客観的に説明した上で、依頼者に選んでもらうしかないのだろうと思います。

甘めの見通しで冷や汗…

『見通しは、厳しめぐらいが　ちょうどいい』などと強調しておきながら、うっかり甘めの見通しとなって一

① 養育費の金額の見誤り
　平成15年に養育費・婚姻費用の算定表が公開される前は、どのくらいの金額となるかの見通し説明に苦労したものですが、同算定表が公開された後は、概ねそれに則った金額となるため、見通しの説明が楽になり、養育費・婚姻費用をめぐる紛争の解決も早くなりました。
　しかし、再婚してその相手に収入があったり相手との子供ができたりすると、かなり計算は複雑になり、簡単には算定できません。
　依頼者がすでに養育費請求の調停申立てを行い、第１回目の調停で相手方が提示した金額について相談を受け、安易に多少増額できるのではないかと説明し受任してしまいました。ところが、第２回目の調停で調停委員の説明を聞いたところ、前記の算定表を再婚による諸事情により修正して算定すると、前回の相手方の提示金額より下がる見込みであることが判明したのです。
　これはまずい！　と、慌てて相手方の提示金額で調停を成立させました。着手金は返金です…。

② 浮気した配偶者からの財産分与の逆襲
　浮気した妻を許せないという夫からの依頼を受け、浮気の証拠写真もあったため、強気で離婚と慰謝料の請求を行ったところ、相手方に弁護士がつき、浮気はあっさりと認めた上、「相当な慰謝料は覚悟しているが、財産分与を求めるので財産を開示して欲しい」との回答。
　浮気の証拠写真もあったため、財産分与の検討が疎かになっていた…。このような反論もあるのだと肝に銘じました。

(4) 子供のことを第一に

　前述のように、未成年の子供がいる場合は、依頼者の意向もありますが、私は、子供への悪影響をなるべく少なくするように配慮を求めています。

　養育費について、「あんな女に支払いたくない！」という父親には、「母親のためのお金ではなく、あなたのかわいい子供のためのお金ですよ」と支払を促し、子供への悪影響が無いにもかかわらず父親との面会交流を拒む母親には、「子供の成長のためには必要なのですよ。養育費を支払う意欲も増しますよ」となだめます。

　父親との面会交流はやむを得ないとしても、父親の両親である祖父母とは面会させたくないという母親もいますが、「孫は子供以上にかわいいというから、面会させて繋がりを持ち続けた方が何かあったときに助けてもらえますよ。祖父母を味方にしてしまいましょう」と勧めます。

　最近は、子供の意思尊重を強調されることがあります。もちろん、それは大切なことですが、調停や裁判の経過を子供に逐一報告するのは、子供にとっては聞きたくない話まで聞かされることになり、ありがた迷惑なので止めた方がよいと思っています。

　依頼者にも、子供に影響を与える重要な場面では意思を聞くとしても、他は聞かせない方が子供のためであるということを、依頼者の感情を損ねないように注意しながら説得しています。

子供の手紙で浮気相手から父親を連れ戻す

　浮気相手のもとに走った配偶者を取り戻したいという依頼を受けることもあります。

　しかし、「覆水盆に返らず」で、そういった状況から取り戻すのは困難を極めます。過去30年間で浮気相手の女性から父親を取り戻すのに成功したのは1件のみ！

　その1件では、いろいろと考えた末、幼稚園と小学校低学年の子供

> たちに父親宛の手紙を書いてもらい、それを事務所で父親に読んでもらいました。そうしたところ、涙をポロポロと流して「家族のところに戻ります」とのこと。父親は子供の手紙に弱い…。
>
> 　その後、浮気相手の女性から私に電話があり、「彼との結婚を考えていたのよ。私のこともフォローしてよ！」と愚痴を聞かされました。
>
> 　報酬は低かったですが、子供たちのためには本当に良かったと思いました。

(5) 依頼者に手を出すな

　この類型の事件の依頼者のなかには、妖艶な女性やハンサムな男性など、弁護士の心を虜にしそうな人がいる場合もあるかもしれません。しかし、絶対に手を出そうなどとしてはいけません。弁護士が独身であり、相手も独身となった後で、交際して結婚に至るのであれば別ですが、そうでなければ地獄へ一直線となってしまいます。

　弁護士がそのようなことを考えない場合でも、依頼者の方がその気になってしまう場合もありますから注意しましょう。依頼者にとっては自分が苦しいときに助けてくれた素敵な人です。しかも、親身になって弁護すると、「自分に好意を持ってくれている」と誤解されることもあります。それが、仕事を超えた好意ではないことを知ると逆恨みの危険もあります。ですから、異性の依頼者との２人きりの夕食は断ることが勘所です。

　「自分は異性から言い寄られるような容姿ではないので、大丈夫」と思う人もいるかもしれませんが油断大敵です！　蓼喰う虫も好き好き。好みは人それぞれで、人類は多様性を確保してきているのです！

　弁護士は、依頼者にも事務職員にも、手を出してはいけないということを肝に銘じましょう。

4．終了後
(1) 離婚後の戸籍に注意！

　離婚が成立すれば、婚姻により氏を改めた人は、その戸籍から抜けることになります。そして、原則として婚姻前の氏に復することになりますが、離婚後3ヶ月以内に届ければ婚姻中の氏を称することができます。

　依頼者が離婚届を提出する場合には、以上のようなことを依頼者に説明し、証人になったりすることもあるでしょうが、相手方が離婚届を提出する場合、「離婚届を提出したら教えて下さい」と相手方に連絡し、あとは相手方にお任せということが多いのではないでしょうか。

　ところが、相手方が申し立てた離婚調停が成立した依頼者に、婚姻中の氏を称したいと言われたので、「相手方が離婚届を出した後3ヶ月以内にその届出を行って下さい」と助言したところ、後から大クレーム！

　婚姻中の氏を称する届出を離婚届と同時に提出しないと、いったん両親の戸籍に戻ってから、その後に婚姻中の氏の新しい戸籍が作成されるとのことで、「そんなのはみっともない。出生地の役場で働いている知人に知られるし、戸籍が汚れる。何とかできないか」との電話連絡。慌てて役所に問い合わせたり、調べたりしましたが、どうすることもできない…。

　依頼者には、両親の戸籍に戻るのはごく短時間であること、公務員には守秘義務があることなどを説明して、何とか許してもらいました。

　その後は、二度とこのようなクレームを受けないようにと、戸籍から抜ける人が依頼者の場合は、依頼者が離婚届を提出できるよう、注意するようにしました。また、依頼者が調停手続の当事者としては相手方となる事件では、調停調書の離婚条項を「相手方の申出により離婚する」と記載するなどしています。ちょっとしたことですが皆さんもご注意を！

婚姻中の氏を使わせたくない！

　一般的には婚姻によって氏が変わることが問題視されていますが、婚姻前の氏がいろいろと誤解を受けるような氏の場合だと、むしろ婚姻を機会に積極的に変えたいという人もいるのだと最近知りました。そのような人は、もちろん離婚しても旧姓には戻りたくないということになります。

　一方で、依頼者やその親の中には、「離婚後は、相手方には旧姓に戻って欲しい。自分たちの氏を名乗らないで欲しい」という人もいます。

　そのような合意書を締結したり、例外的に調停条項に入れたりする場合もあるようですが、法的拘束力は無いと解されているようです。

　私は、「婚姻中の氏の続用は法律上の権利だから、禁止はできないのですよ」と説明し、なんとかそのような要求を諦めさせています。

(2) 財産分与あれこれ

　財産分与をめぐっていろいろと揉めることもありますが、離婚が成立して財産分与も確定すれば、一緒に暮らしていた建物から動産類を搬出することになります。

　当事者たちに任せておいて大丈夫な場合もありますが、搬出する動産をめぐって争った場合や、相手方や依頼者が感情的な人だったりすると、搬出の現場で揉める可能性もあるため、弁護士が立ち会わざるを得ないことになります。

　私も随分と立会いをしましたが、多くは揉めないで搬出を終えています。しかし、なかには搬出をめぐって揉めたこともあり、そのようなときは当事者をなだめながら搬出をなんとか終わらせました。

　ほとんどの場合は、引越業者や家族・友人が搬出作業を行い、弁護士に

は肉体労働は期待されていませんので（期待されても困りますが…）、その作業の間は手持ち無沙汰となります。そこで、退屈しないように本などを持参するようにしています。

　ところが以前、当事務所から遠方の場所が現場だった際、揉めることはないだろうと思い、事務所が現場に近い相手方代理人のＮ先生に立会いをお任せしたところ、「荷物搬出に人手が足りず、Ｎ先生にも手伝ってもらいました」と依頼者から報告がありました。そのときは、もちろん後から、先生にお礼を言いました。

> **依頼者いろいろ　東日本大震災翌日の動産搬出**
>
> 　財産分与をめぐって長年熾烈に争った事件が、双方の代理人の調整・説得で和解に至り、動産搬出の際は双方の代理人が立ち会わないと揉めそうであるということで、日程を調整して平成23年３月12日午前11時からとなりました。その日は日曜日で、午後４時からベガルタ仙台のホームゲームを観戦予定だったので、円満に短時間で終わるといいなと思っていました。
>
> 　そうしたところ、前日の３月11日に東日本大震災が発生！
>
> 　３月12日は停電・断水・電話不通で、依頼者に連絡も取れず、動産搬出は中止だろうと思いました（それなのに、私は「サッカーは雨が降っても行うから、ベガルタ仙台の試合は行われるのではないか」と妻に聞いて、「そんな訳ないでしょ！」と叱られました）。
>
> 　ところが、１週間後くらいに依頼者と電話連絡が取れたところ、なんと当初の予定時間どおりに引越業者がやってきて、多少は揉めたが動産搬出は終えたとのこと！　約束した以上、どのような状況下でも現場に行くというプロ意識に感動しました。それに比べて両代理人は…、立ち会わないで済んだことをラッキーと喜び合いました。

5．その他
(1) 面会交流あれこれ

　面会交流の内容が調停等で決まっても、まだ子供が幼いうちは父親・母親双方の関与が必要です。しかし、「子供を会わせるのは仕方ないが相手方と顔を合わせるは嫌だ」と言う依頼者も少なくありません。相手方から暴力を振るわれたなどの事情があれば仕方ありませんが、そのような事情が無い場合は、いったんは好き合って子供ももうけたのだから多少は我慢してよと思うこともあります。

　しかし、依頼者へのアフターサービスということで、面会交流が軌道にのるまでは当事務所の相談室で弁護士が立ち会って行うこともあります。

　相手方と顔を合わせたくない母親から子供を預かり、別室の父親のところに連れて行きます。そして、父親と１時間程度交流してもらうのですが、母親が見えなくなると子供が泣き叫びだし、その涙とよだれが私のスーツに…。

　子供の成育のために必要なことなのでそれくらいは我慢しますが、紙おむつを事務所の椅子に放置するのは勘弁して欲しい…。

　そういえば、事務所の相談室が防音になる前は、ファミリーレストランで面会交流を行ったこともありました。

　そのような場合は、相手方弁護士と近くのテーブルでコーヒーなど飲みながら見守ります（まるでデートしているみたい、と冗談を言いながら）。

週１回の面会交流希望？

　面会交流を求める父親のなかには、子供がかわいく、頻繁に会いたいからと、週１回の面会交流を求める依頼者もいます。

　でも、よくよく聞けば、一緒に暮らしていたときは仕事が忙しく、遊んであげられるのは月１、２回くらいだったとのこと。気持ちはわ

かりますが、週1回の面会交流は、実際には無理です！
　無理な要求をしてこじらせるより、現実的な月1回程度にして早期に合意を成立させて面会交流を軌道にのせる方が、子供との関係も良好に保てます。
　母親に子供と父親の面会交流を妨げる権利はありませんが、子供にも父親と面会する義務はありません。
　週1回も父親から面会を求められたら、子供からうっとうしく思われて面会を拒否されるなどということにもなりかねません。

(2) 浮気を許してもらえた依頼者
　浮気が発覚した男性からの依頼で、妻に許してもらうための交渉や調停の依頼を受けることがあります。
　なかなか困難なのですが、子供や今後の生活を考えて許してもらえることもあります。そのような場合、妻が本心から許していることは少なく、いろいろなことを総合的に判断して気持ちの整理をつけ、本人のプライドを留め金として怒りを抑えていることが多いのです。
　ですから、「決して無罪放免で許してもらえたなどと思わないように」と、依頼者に注意しています。
　油断して思い出話のように浮気の話をしてしまったりすると、プライドという留め金が外れて、怒りを爆発させるリスクが大きいからです。
　それが、介護を受けるような年齢になっていたら悲劇です…。

 3回目の結婚で二股不倫中…

　ある男性が、不倫問題の相談で妻と一緒に来所。
　話を聞くと、二股の不倫をしてしまい、二人の女性から責められているそうで、奥さんからも「何とか夫を助けてあげて欲

しい」とのこと。さらによく聞くと、妻とは3回目の結婚とのこと。3回目の結婚ということは、2回離婚しているということですから、それを乗り越える精神力がすごい！ しかも、その上で二股の不倫とは…。

「それでは精神的に安らげるときがないでしょうから、もう女性関係は慎んではいかがですか」と助言したところ、「私は病気なのです」とのこと…。本当に「依頼者いろいろ」です。

そういえば、ロシアの男性が短命であるにも関わらず、全体の人口が激減しない理由は、離婚・再婚を2～3回するのが当たり前だからだそうです。再婚すれば、また子供ができる可能性が高いので、その高い離婚率でロシアは救われているとのこと。しかし、日本の少子化対策には取り入れられないでしょうね。

4　相続をめぐる事件

1．勘所…感情的に揉めても無益・大損！

　遺言、遺産分割等、相続に関する類型の事件は、自分の父母・祖父母、配偶者の父母・祖父母、場合によっては兄弟姉妹、叔父叔母の死亡により生じるものです。人間は必ず死ぬものですから（人間にとって確実なのは死ぬということだけといっても過言ではありません）、相続関係の事件というのは、誰もが一生のうち何回かは経験するものです。弁護士にとっても、景気に左右されずコンスタントに発生する事件で、登録間もない頃から高齢で廃業間際となるときまで相談や依頼を受けることになり、事務所を安定して経営するための基盤ともなる事件なのです。

　この類型の事件は、突き詰めれば被相続人の財産について誰がどの財産を取得するか決めるという単純なものなのですが、ちょっとしたきっかけで揉め出してしまうと、関係者の長年の恨み辛みや妬みなどの複雑な感情が噴き出してそのぶつけ合いとなり、遺産の範囲・評価、特別受益・寄与分の存否・評価などが確定せず、複雑で解決には時間を要するものです。

　以前の調停では、そのような複雑な感情のぶつかり合いについて時間をかけて聴取・調整し、さらに遺産・特別受益・寄与分の確定にも時間をかけていました。そのために解決まで多大な時間を要することになっていたのですが、最近の裁判所では、感情面の調整については、あまり時間をかけなくなっているので注意しなくてはいけません。要は、結論に影響を与えないと思われることには、時間をかけなくなっているのです。

　例えば、特別受益については、憶測では通用せず、具体的な特定と裏付けが求められるようになってきていますし、寄与分についても、単に世話をした、仕事を手伝った、ではだめで、具体的な金額としての主張が求められるようになってきています。預貯金の一部相続人による勝手な払戻しも、遺産分割調停ではなく不当利得返還訴訟での解決を求められています。

そのため、依頼者にも、単なる感情論では結果に影響を与えないこと、裁判所でもあまり聞いてもらえないことを説明し、遺産の売りどきを逃さぬよう早期解決に導いていくのが勘所です。

この類型の事件は、前述のように複雑な感情のぶつかり合い、下手をすると悪口の言い合いになり、感情的対立の調整に苦労することになります。離婚事件も感情的対立の調整に苦労することはありますが、基本的には1対1です。しかし、相続をめぐる事件では、当事者となる相続人が3〜5名のことが多く、さらに時間が経つうちに相続人が死亡して増えていき、10名を超えて数十名となっている場合もあるので大変です。

その当事者たちが、いくつかのグループ（長男×その他、長男×弟達×姉妹…）に別れて感情的に対立し、しかも離散集合を繰り返すことがあります。

この類型の事件では、依頼者が相続人のうち1名ということもありますが、グループから依頼を受けるケースもあり、依頼者が複数であることが多いです。当初は感情も利害も一致していて一緒に依頼された案件でも、時間が経つにつれ変化が生じてグループ内で対立し始めることもあります。

そのため、将来の利益相反についての説明を十分に行い、弁護士倫理への配慮を忘れないことが勘所です。また、遺言執行者に就任した弁護士が相続をめぐる紛争で一部の相続人の代理人になることについては、弁護士倫理上の問題が指摘されていますので回避しましょう。

依頼者いろいろ

数十万円の土地を相続するために約200名の印鑑証明書が必要に！

「田舎の土地が相続手続未了で残ってしまっていた。町道用に町に売却する必要が生じたので町で相続人を調べてもらったところ、人数が多いので相続手続を依頼したい」との電話。

相続関係図と関係書類の持参をお願いし、事務所で受領すると折り

たたんである。広げてみると、子供がおらず兄弟姉妹が多かったため、そして年月が経つうちに死亡して数回相続が発生していたため、相続人は約200名になっていました！

　田舎の土地でせいぜい数十万円のものを相続するのに、約200名から相続手続の書類に署名・実印で押印をしてもらい、印鑑証明書をもらわないといけない！　その取得費用や送料等の実費だけでも相当な金額になり、事務作業も大変…。費用倒れは必至でしたがやらざるを得ません…。

　相続問題は、感情的対立が生じる恐れもあり、なかなか言い出しにくいこともあります。しかも、遺産が自宅等のみであれば、売却や担保設定を行わない限り相続手続を行わなくとも支障はありません。しかし、そこで放置してしまうと、相続人がネズミ算式に増えていき、手を付けられない状態になることもあり得るのです。

　死亡直後に相続の話を持ち出すのは気まずい思いをしそうで気が引けるとしても、四十九日を過ぎたあたりからは相続手続の話を始めるべきと依頼者には助言しています。

２．受任時

(1) 相談カード等で基礎事項を早期把握

　この類型の事件は、前述のように被相続人の財産について誰がどの財産を取得するかをめぐるものとなりますので、被相続人のすべての財産と何人かいるであろう相続人を把握することが出発点となります。

　来所してからの聞き取りでは時間がかかり、資料不足で再度の来所となりかねませんので、当事務所では、相談カードと相続関係図（サンプル12、13）を事前に送付するなどして、基礎事項を記入してもらい、関係資料のコピーとあわせて持参してもらうようにしています。

　この相談カードでは、相談者の右側に連絡注意事項の欄を設けています。

これは、遺言の相談等では家族に内緒にしていることもあるからです。

また、遺言の有無により方針が異なってきますので、遺言の有無を聞く欄も設けています。

そして、次の欄に遺産となる財産を網羅的に記載してもらっていますが、相続放棄の必要性の検討のために借金・保証の欄を設けています。保証債務は相続しないと誤解している人が多いので、※を付した注記で保証債務も相続の対象となることを注意喚起しています。

その下に、寄与分・特別受益について知っている範囲で記載してもらい、最後に、何を相談したいのかを相談事項の欄に記入してもらいます。チェック項目を細かく記載しているのは、新人弁護士の助言漏れを防ぐ意味もあります。すでに何らかの手続が進んでいることもありますので、そこをチェックする項目も設けています。利益相反のチェックや不当な介入を避けるために関与している弁護士の有無と氏名を聞く欄も設けています。

以上を事前に準備してもらえると、特別受益・寄与分の詳しい内容や相続に関する諸々の複雑な感情についての話を聞く時間を確保しやすくなります。

(2) 相続人の調査・確定…依頼者の話を鵜呑みにしない

誰が相続人であるかについては、依頼者の説明のとおりのことが多いでしょう。

しかし、稀にですが、依頼者が把握していなかった相続人が存在することがありますので、被相続人の出生まで遡った戸籍類の取得により調査・確定することが不可欠です。

そうすると、依頼者の知らなかった異母兄弟や養子が見つかることがあるのです。

サンプル12　相談カード（相続問題）

官澤綜合法律事務所　TEL022-214-2424　FAX214-2425　　　　相談日：　　年　　月　　日

相談カード（相続問題）

相談者　氏名（ふりがな）_____　西暦　　年　　月　　日生（　　歳）
　　　　　住所　〒　　　　　　　　　　　　　　TEL　　　　　　　　携帯
　　　　　　　　　　　　　　　　　　　　　　　FAX　　　　　　　　e-mail
　　　　　　　　　　　　　　　　　　　　　　　※連絡注意事項　無・手紙禁止・弁護士肩書表示禁止・その他

被相続人（相続の対象となる方・遺言の本人）

　　相談者本人・相談者以外→氏名（ふりがな）_____　御存命・　　年　　月　　日死亡
　　　　　本籍
　　　　　住所　〒
　　　　　　　　　　　　　　　　　　　　　　　　　　　　　　　　※出来れば戸籍謄本をご持参下さい。
　　遺言…無・不明・有→公正証書・自筆　内容をご存じなら概略を下記に御記載下さい。　※可能なら遺言のコピーをご持参下さい。

遺　産（相続の対象となる被相続人名義の財産）
・**不動産**…無・有→どんな不動産（自宅、アパート、田畑等）で時価どの位か下記に御記載下さい。　※可能なら固定資産税課税通知書・
　　　　　　　　　　　　　　　　　　　　　　　　　　　　　　　　　　明細書、登記簿等をご持参下さい。

・**預貯金**…無・不明・有→合計　　　　万円　金融機関と金額を下記に御記載下さい。

・**現　金**…無・不明・有→　　　万円
・**自動車**…無・不明・有（車種・ナンバー・時価→
・**その他**（生命保険、株、投資信託、貴金属等）…無・不明・有（内容・金額・受取人等を下記に御記載下さい。

＊**借金・保証**…無・不明・有（内容・金額→
　　　※保証債務も相続しますので御注意下さい！

寄与分　被相続人の扶養・看護、被相続人に財産や労務の提供等を行って、遺産の維持・増加に寄与した相続人は、
　　　　　→無・不明・有（下記に氏名と具体的内容を御記載下さい。

特別受益　被相続人から高額な贈与を受けた相続人は、→無・不明・有（下記に氏名と具体的内容を御記載下さい。

相談事項　□遺言の作成・変更（希望内容を下記に御記載下さい）　□相続対策（具体的内容を下記に御記載下さい）
　　　　　　□自分の相続分　□預金の払戻　□借金相続への不安　□遺言への不満　□遺留分請求をしたい・された
　　　　　　□現在の手続への不安（交渉中・調停中　自分の弁護士…　　　　　相手の弁護士…　　　　　　　　）
　　　　　　□遺産分割交渉・調停を依頼したい（どのような内容での分割を希望か下記に御記載下さい）

Ⅱ　各論・事件類型別の勘所

サンプル13　相続関係図

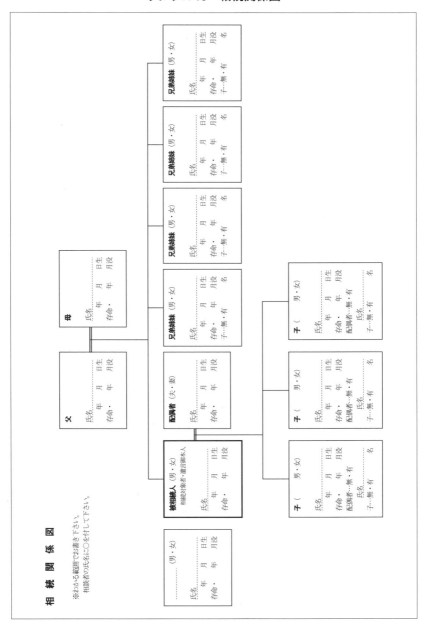

> **依頼者いろいろ** 入籍していなかったことを知らなかった妻。
> 同姓の婚姻に注意！
>
> 　夫が死亡した妻。遺言はなく、子供もいないので、夫の兄弟姉妹と相続問題について話し合おうとしていたところ、兄弟姉妹にすべて相続されてしまったという相談でした。
> 　親戚を招いた結婚式・披露宴も行い、30年以上夫婦として暮らしていたものの、実は婚姻届が提出されておらず、入籍していなかったとのこと。
> 　結婚前から夫婦はともにその地区に多い同じ姓だったため、結婚しても姓が変わらず、子供がいないので戸籍謄本を取得する機会もなく、夫が死ぬまで気づかなかったとのこと…。
> 　うーん、かわいそうだ、何とか相続できる手立てはないかと東北大学の家族法の先生に質問しても「法的には無理」とのこと。
> 　夫の兄弟姉妹の情に訴えて、何とか遺産の一部を分けてもらうしかありませんでした。

(3) 将来の利益相反への注意と説明

　この類型の事件は、依頼者が複数になるケースが多いこと、遺言執行者となった弁護士が相続人間の争いで一部の相続人の代理人となることは許されないとの見解が強いことから、利益相反等の倫理上の問題への注意が必要です。

　何人かの相続人が、遺産分割協議に応じない相続人を相手とした調停申立てを依頼に来た際、来所した人たちは、「相手が不当です！　私たちは協力して戦います！」などと言い、まとめて全員の受任をお願いされることがあります。依頼者たちにすれば、同じ弁護士に受任してもらった方が、弁護士費用を節約できたり、いろいろ協力できたりとメリットがあるから

です。

　ここで注意しなければならないのは、依頼者たちはほとんど気づいておらず、弁護士もうっかりすると見落としがちですが、現在は利害が一致していても、それがいつまでも続くとは限らないことです。例えば、遺産分割の調停が進んでいったところ、依頼者の間で特別受益や具体的な分割方法について対立が生じてしまうということがあるのです。

　そこで、弁護士職務基本規程第32条は、「弁護士は、同一の事件について複数の依頼者があってその相互間に利害の対立が生じるおそれがあるときは、事件を受任するに当たり、依頼者それぞれに対し、辞任の可能性その他の不利益を及ぼすおそれのあることを説明しなければならない。」と定め、そのような説明を行って納得して委任された場合でも、現実に利害の対立が生じてしまったら、同規定第42条で、「弁護士は、複数の依頼者があって、その相互間に利害の対立が生じるおそれのある事件を受任した後、依頼者相互間に現実に利害の対立が生じたときは、依頼者それぞれに対し、速やかに、その事情を告げて、辞任その他の事案に応じた適切な措置をとらなければならない。」と定めています。

　事前に説明して納得の上でとはいっても、辞任ともなれば依頼者に迷惑をかけることになりますし、弁護士自身もダメージを受けることになります。

　そのため、第32条の説明を丁寧に行って受任することが必要ですし、利害の対立が生じる恐れが相当程度予測される場合は、依頼者全員から受任するのは避けた方が賢明です。

　遺言執行者となった弁護士が相続人間の争いで一部の相続人の代理人となることが許されるかについては、利益相反や公正さとの関係で日弁連の見解も統一されておらず流動的なので悩ましい問題です。

　遺言執行者となったら相続人間の争いには一切関与しないとするのが簡潔で安全かもしれません。しかし、遺言作成の相談を受ける際に多いのが、遺言者とその世話を一生懸命行っている子が一緒にやってきて、「この子

にほとんどの財産を相続させたい、後の揉めごとについても先生に力になって欲しい」というものであり、遺言の執行の後の揉めごとは知りませんとはなかなか言えないのが悩ましいところなのです。

そこで、依頼者に対しては、そのような問題があることを説明し、遺言執行者になるのであれば、その後の争いについては他の事務所の弁護士を紹介するなどしましょう。その後の争いの代理人となるのであれば、遺言執行者を受遺者本人や他の事務所の弁護士に依頼するなどの慎重な対応が必要です。

(4) 受任範囲の確定

この類型の事件は、調停ですべてが解決すれば早期解決を図れるのですが、遺言無効や寄与分、遺産の範囲の確定、遺留分減殺等が争いとなって調停での解決ができなければ、審判や各種の訴訟を起こすことが必要となります。

また、相続税の申告や不動産の相続登記の手続を行うことが必要となることもあります。

相続をめぐる事件では、以上のように最終解決までに各種の手続を行わざるを得ないことが多いので、後で弁護士報酬等をめぐってトラブルとならないように、各種の手続のどこまでをいくらの着手金で受任し、報酬はどの段階でいくらとするのかを確定して委任契約書を締結しておくことが勘所です。

相続税の申告は税理士、不動産相続登記の手続は司法書士に依頼する人がほとんどでしょうが、知り合いの税理士や司法書士がいないために紹介を頼まれることもあるでしょう。そのような場合は、相続税の申告には期限がありますで、早めに紹介しておくのが安全です。

(5) 遺留分減殺請求を速やかに

生前贈与や遺言により依頼者の遺留分が侵害されている場合は、遺留分

減殺請求は知ってから1年以内に行使しなければいけませんので、速やかに遺留分減殺請求を行いましょう。

遺言が無効であれば、遺留分侵害は生じませんが、依頼者が自信を持って遺言無効を強く主張している場合であっても、裁判所で認められるとは限りませんので、念のためということで遺留分減殺請求を行いましょう。

私が相談を受けた事件のなかには、遺留分減殺請求が行使できるのは相談日の翌日までというものがありました。

なんとか明日までに遺留分減殺請求の意思表示を相手方に到達させなければいけないと、遺留分減殺請求の通知書について、内容証明郵便を配達証明付きで送る、相手方が留守で戻ってくると困るので普通郵便の速達でも送る、さらには相手方弁護士にFAXで送る、ということを行いました。

内容証明郵便の到達は翌々日でアウトだったのですが、普通郵便の速達は翌日に到達し、ぎりぎりセーフでした。

3．相続放棄をめぐる誤解の解消
(1) 保証債務も相続する！

法曹関係者にとっては常識ですが、講演等での挙手によるアンケート結果からすると、法曹関係者以外の人のうち97～98％は、保証債務は相続しないと誤解していますので注意してください。

両親が亡くなったような場合、住宅ローン等の主債務者分については気にしているのですが、保証債務については相続の対象となると思っていないため、相続放棄するかしないか検討する際に調査もしないし気にもしていないことがほとんどなのです。

そして、債権者から保証債務の履行請求を受けて初めて保証債務も相続すると知り、慌てて相続放棄を行おうとしますが、すでに相続開始を知って3ヶ月が経過し、多額の保証債務を相続せざるを得ないというような悲劇も生じているのです。

そのため、サンプル12の「相談カード」にも注記しているように、相談

を受けた早々に保証債務も相続するということを説明し、相続するか放棄するかの判断材料に組み込ませる必要があります。

(2) 家庭裁判所に申述したのでなければ相続放棄ではない

　これも講演等でのアンケート結果なのですが、相続放棄したことがある人と挙手を求めると20～30％程度の手が挙がることが多いです。ところが、家庭裁判所に相続放棄の手続を行った人と挙手を求めると、2～3％程度になってしまいます。

　つまり、一般の人のうち90％程度は、家を継ぐような立場の人に「相続を放棄してくれ」と頼まれ、自分は何も相続しないことに同意するというような書類に署名・捺印して印鑑証明書とともに渡したことを、相続放棄と思い込んでいるのです。

　しかし、このような手続は、俗に"相続放棄"などといってはいますが、相続人でなくなる法律上の相続放棄ではなく、相続人になった上で、自分はプラスの財産を何も相続しないという遺産分割協議を行っているに過ぎないのです。

　家庭裁判所に申述しなければ法律上の相続放棄ではなく、相続人にはなっているのだということを、相談を受けた場合には早々に説明する必要があります。

(3) 法律上の相続放棄を行っていなければ相続分に応じた債務を相続する

　これも同じく講演等でのアンケート結果なのですが、法曹関係者以外の人のうち97～98％は、前述のような"相続放棄"などといわれている遺産分割協議を行えば、財産を相続しなかった相続人は、債務についても全く相続していないと思い込んでいます。

　しかし、このような手続は、一種の免責的債務引受であり、債権者の承諾がなければ債権者には対抗できず、法律上の相続放棄を行わない限り、相続分に応じた債務を相続することになります。依頼者には、債務を相続

したくないのであれば法律上の相続放棄を行う必要があることを、その期限が徒過しないうちに説明する必要があります。

4．遺言

(1) 遺言は迅速に…呆けたり死んだりしたら作成できない！

　遺言を作成する人や遺言作成を弁護士に相談する人は、年々増えてきています。

　それでも、まだ早いだろうと思って作成していない人の方が多いようです。

　しかし、人間はいつ死ぬかわかりません。健康な人でも交通事故に巻き込まれて急死することもあります。呆けたり死んだりしてしまっては、遺言は作成できないのです。遺言作成にまだ早いということはないのです。

　ですから、遺言の相談に来所されたら、可能なら当日のうちに簡単な自筆証書遺言を作成してしまうことが勘所です。

　弁護士の多くは、遺言の依頼を受けた場合に公正証書遺言にすると思うのですが、公証人とのやりとりで実際に公証人役場に依頼者と一緒に行って公正証書遺言を行うのは、1週間程度は先になるでしょう。しかし、その間に依頼者が急死したりすると、何の役にも立たなくなってしまいます。来所した当日のうちに簡単な自筆証書遺言を作成してしまえば、事務所からの帰り道で交通事故に巻き込まれたとしても役に立てるのです。

(2) 遺言の作成、加除訂正等

　遺言は、自筆証書遺言は費用もかからず簡便ですが、相続人を調べて裁判所から通知して行う検認が必要なことなどからして、公証人の手数料がかかったとしても公正証書遺言を依頼者に勧めるべきです。

　ただし、それまでの間の繋ぎとして、前述のように自筆証書遺言を作成させましょう。

　その際、書き間違いが生じると、自筆証書遺言の加除訂正は民法第968

条2項に定められた面倒な方法で行うことになり大変ですので、まずは下書きを作成してそれを見ながら清書する方法で行いましょう。

　公正証書遺言は、事前に公証人と文案についてやりとりをし、当日は証人2人が立ち会うなかで本人の意思の最終確認を行うということになりますが、私は、本人と打合せをして決めた文案でサンプル14のような「遺言依頼書」を作成し、本人の署名・捺印の上で印鑑証明書とともに公証人に届けるということを行っています。

　というのは、約20年前、本人と遺言の文案を何度か打合せ・修正して確定させ、公証人に送って公正証書遺言作成当日に臨んだところ、公証人に送った文案が最終版の前の文案だったために翌日やり直しということがあったからです。やさしい依頼者だったので、「先生でもこんなミスをすることがあるのですね」と笑って許してもらえましたが…。

　公証人が同文案に基づいて公正証書遺言の文案を作成したらFAXで送ってもらい、それを依頼者に送って確認してもらって当日に臨むことにより、当日は公正証書遺言作成をスムーズに終えられることになります。

(3) 遺言の変更…自筆証書遺言では恨まれる！

　遺言を行った依頼者のなかには、「遺言で何人かの受遺者を指定したのだけれども、その後の態度などを見て一部の受遺者への遺贈を取り消したい」などといった変更を依頼する人がいます。しかも、公正証書遺言だと手数料がかかるので、自筆証書遺言で行いたいという依頼者がいました。

　もちろん、遺言の変更は、後からの遺言で行うことができますし、公正証書遺言を自筆証書遺言で変更することもできます。ということで、自筆証書遺言用に一部の受遺者への遺贈を取り消す旨の文案を起案した後、本人死亡後の手続をふと考えました。

　まず、自筆証書遺言なので検認が必要です。相続人全員に裁判所から検認を行う旨の通知が行くことになります。自分は何をもらえるのかな…と多少期待しつつ裁判所に行くも、その内容は、自分への遺贈を取り消すも

のだった。「それなら呼ぶなよ！」と激怒するでしょう…。

　そうなってはまずい！　と考え、一部の受遺者への遺贈を取り消すというだけの遺言ではなく、取り消した後の内容で公正証書遺言を再度行うという方法をとった方が余計なトラブルを防げるということに気づき、その旨を依頼者に説明して納得してもらいました。

　遺言の変更は、変更により不利益を被る相続人から恨まれないように、そのような変更が行われたことがすぐには知られないように、変更後の内容を公正証書遺言で行うのが勘所です。

先生、私より先に死なないでね

　以前は依頼者のほとんどが年上だったのですが、最近は年下が増えてきてしまい、もう若手弁護士ではないのだと実感する毎日。

　私が遺言執行者になる予定の遺言の打合せを行った後、依頼者から「先生、私より先に死なないでね」との言葉。

　たしかに、私が先に死ぬと遺言執行者がいなくなる…。

　同行していた依頼者の長男（受遺者）に、「私が死んでも、当事務所に遺言を持ってお出でいただければ、他の弁護士が遺言執行者になりますから大丈夫ですよ」と安心してもらいましたが。

　とはいえ、「遺言執行者を弁護士官澤里美と指定する。同人が死亡していた場合は、弁護士〇〇を遺言執行者とする。」というような条項にするのもちょっと…。

　これからは、作成する遺言の遺言執行者は辞退した方がよい年齢なのだろうか…と複雑な心境となりました。

サンプル14　遺言依頼書

遺　言　依　頼　書

次のような内容の公正証書遺言の作成を依頼致します。

　　　　　　　平成28年　　　月　　　日

　　　　　　　　　　　　氏名　　　　　　　　　　　　印

　　　　　　　　　　※実印で押印し、印鑑証明書を添付して下さい。

1　次の財産を長男Aに相続させる。
　① 仙台市泉区根白石字君が代　7番　の土地
　② 同所7番地　5番　の建物

2　次の財産を次男Bに相続させる。
　① 仙台市泉区根白石字八千代　12番　の土地
　② 同所　13番　の土地

3　他の財産は、すべて長男Aに相続させる。

4　次の者を遺言執行者と指定し、遺言執行手数料は、官澤綜合法律事務所の報酬基準によるものとする。
　　　仙台市青葉区二日町1番23号　アーバンネット勾当台ビル10F
　　　　　官澤綜合法律事務所　　弁護士　官　澤　里　美

5　遺言執行者は、私の預貯金の払い戻し等の本遺言の内容を実現するために必要な一切のことを行う権限を有するものとする。

5．遺産分割
(1) 相続分譲渡の上手な活用を

　何人かいる子供たちのうちの１人、例えば、長男が両親と同居して家業を継いでいて、両親の死亡後に遺言がなかった場合、なるべく多くの遺産を長男が相続できるようにとの依頼を受けることがあります。

　このような場合、他の相続人に相続放棄を行ってもらったり相続分不存在証明書をお願いしたりする方法を行おうとする人もいますが、それは考え物です。

　というのは、他の相続人全員がそれに応じてくれれば長男がすべての遺産を相続できることになりますが、例えば４人兄弟で、うち２人は応じてくれたが末弟のみ応じてくれないような場合、長男と末弟の２人で争うこととなりますが、長男に協力してくれた２人の相続分は末弟にも配分され、長男２分の１、末弟に２分の１の相続分での争いになってしまうのです。

　このような場合は、相続分譲渡を行う方がよいでしょう。相続分譲渡であれば長男に協力してくれた２人の相続分は長男のものとなりますので、長男４分の３と末弟４分の１の相続分での争いにできるからです。

　譲渡した相続人には、財産は相続しないが債務は法定相続分に応じて相続したままとなるリスクはありますが、それも踏まえつつ相続分譲渡を上手に活用するのが遺産分割協議の勘所だと思っています。

(2) 遺産分割は調停前置ではない

　いろいろと交渉しても遺産分割協議が整わなかった場合、まずは調停ということになることが多いと思います。

　調停から始めるのが望ましい場合も多いと思いますが、何が欲しいというのではなく感情的な問題で調停成立の見込みが無いときや、調停の管轄裁判所が相手方住所地となり遠方で大変なときは、遺産分割は調停前置ではないので、初めから審判を申し立てることを検討しましょう。解決までの時間をかなり短縮できることがあります。

(3) 揉めすぎは大損となることを理解させる

　冒頭にも述べましたが、この類型の事件は、関係者の長年の恨み辛みや妬みなどの複雑な感情のぶつけ合いとなりやすく、ぶつけ合っても自分に有利になるわけでもないのに解決まで時間を要することになりがちです。

　そのように揉めてしまうと、解決まで時間がかかるという不利益にとどまらず、その間に不動産や株式の価値が下がると大きな経済的不利益が発生してしまうこともあることに注意してください。

　株式や不動産の売りどきを逃がす、配偶者控除等の相続税の節税や物納が困難になることもあり得ると、揉めすぎは大損になる恐れがあることを依頼者に説明・納得させ、早期解決に導くことが勘所です。

　しかし、どうしても最終解決までにはもう少し時間がかかるという場合で、今が売りどきという場合は、全員の利益なのですから換価することについてのみ中間合意し、売りどきを逃がさないようにしましょう。

争っている間に株券が紙切れに…

　バブルの名残がまだ残っていた頃、不動産や預貯金、株などを多数所有していた資産家の遺産分割調停を依頼されたことがありました。

　相続人は7名だったのですが、3グループに別れて熾烈に争い、最高裁までいったために解決までには10年以上を要しました。

　その間に不動産価格は暴落、会社が倒産して紙切れになった株券もありました。

　依頼者の取得額は当初の見通しより大幅に減り、私の報酬も大幅に減りました。揉めすぎは大損と、身をもって痛感しました！

Ⅱ　各論・事件類型別の勘所

調停の待合室は学びの場

　調停は、相手方が調停室に入っている間の待合室での待ち時間が長いこともあります。

　私は、依頼者にそういったときのために読み物を持参することをお勧めし、自分も新聞や本を読んだりしています。時折、偶然同室となった先輩弁護士の、依頼者への調停案の説明や納得のさせ方が聞こえてくることがあり、上手だな、と勉強になることもあります。待合室は学びの場となるのです。反面教師の場合もありますが…。

　私も、待ち時間に依頼者に現在の状況や見込み、戦略を説明することがあります。もちろん同室の人たちに聞かれても支障がない言葉で行います。

　そうしていると、弁護士を依頼していない他の調停の当事者がそれを聞いていて、頼りになりそうと思われてからか、その場で相談や助言を求められることがあります。時間があれば多少助言してあげますし、その後に正式に依頼を受けたこともありました。待合室は営業の場ともなるのです。

　ただ、依頼者から「先生は、私の先生なのよ」と言われたり、助言を求めてきた人に対し「私の先生に手を出さないで」というような態度を取られたりすることもあるのでほどほどにしましょう。

6．その他
(1) 不動産の評価証明書は依頼者に取得してもらう

　遺産の評価等の関係で、裁判所に不動産の固定資産税評価証明書を提出することになる場合があります。

　そのような場合、依頼者が忙しく取得に時間がかかりそうだと、弁護士用の交付申請書を使用して取得してしまおうと思うことがないわけではあ

りません。

　しかし、同交付申請書による取得の使用目的は、訴え提起、保全処分申立て、民事調停申立て及び借地非訟申立てのみに限定されていることを失念してはいけません。

　家事調停や遺産分割のためには認められておらず、同交付申請書の不正使用となりますので、依頼者に取得してもらうようにし（依頼者から委任状をもらって弁護士が代理人として取得するのはOKですが）、遺産分割関係で同交付申請書を使用して取得することは行わないで下さい。

(2) 相続対策に早すぎるということはない

　依頼者のなかには、遺言や各種の相続対策について、いろいろと誤解をしている人がいます。

　例えば、財産が少ないから税金も揉める心配もない？　たしかに税金の心配はないでしょうが、遺産分割は少ない方が分けづらくて揉めるのです！

　自分の子供たちは仲良しだから揉める心配はない？　あなたが生きているから仲良しなのかもしれません。また、子供たちの配偶者がどんなことを考えているかわかりません。仲良しの子供たちを仲違いさせないように遺言などの対策が必要なのです！

　私は健康だからまだ早い？　病気になってからでは時間が足りません。呆けたり死んだりしたらアウトであり、早すぎるということはないのです！

　…と、誤解を解いて早めの相続対策をお勧めするのが勘所です。

ろくでなしの息子を勘当したい！？

　「遊びほうけて家に寄りつかず、親が病気でも見舞に来ず、たまに来るのはお金をせびるときだけ。そんなろ

くでなしの息子を勘当したい。親子の縁を切り遺産も相続させたくない」との依頼者。

でも、現在の日本の民法には勘当という制度はありません。

依頼者の意向に沿うのは、推定相続人の廃除＋息子に相続させない旨の遺言か。

しかし、推定相続人の廃除の要件は厳しく、今、申し立てても認められる可能性は低いですし、逆に嫌がらせを受ける恐れも。かといって、遺言による排除では遺言執行者が苦労する…。

これまで息子に渡してきたお金、これから渡すお金をしっかり資料として残し、その金額が遺留分を超えている証拠を残す。それも記載した息子に相続させない旨の遺言なら、何とか依頼者の意向に沿えるかというところです。

(3) 大切なのは相続税対策ではない

相続対策というと相続税対策がメインのように思われがちですが、基礎控除が減って相続税を納付する人の数は以前より増えるのでしょうが、それほど多くはありません。

遺言や遺産分割等の相続対策の相談を受けた際、「ところで相続税がどれくらいになるか心配なのですが…」との相談を受けることがあります。正式な相談の場合や微妙な場合は知り合いの税理士を紹介しますが、多くの場合は「うーん、あなたの場合は、残念ながら…ゼロです。相続税が発生するほどの遺産がありません」という回答になります。

相続税が発生するほどの遺産を有する人でも、相続税を減らすことばかりにこだわってローンを組んでマンションを建築したところ、相続税は減ったものの入居率が悪く、遺族はローンの返済に四苦八苦などという例もあるので注意を要します。

相続対策で大切なのは、遺族が揉めることなく遺産を承継して平穏に生

活していけるようにすることなのです。
　「相続税を減らしたいのだったら、遺産を減らすことが効果的ですから私がもらってあげましょうか？」などと冗談を交えながら、相続対策の本来の目的を説明・理解してもらうことが大切です。

 遺骨の処遇で揉めて受付で遺骨の引渡し
　不幸にも遺産分割が徹底的に拗れてしまうと、審判等で最終解決はできたものの、その後の親戚付き合いはなし、法事も別々などという例もあります。
　遺骨をどうするかで揉めると、法律事務所の受付で遺骨の引渡しを行わざるを得ないことも生じます。
　あまり後味のよいものではありませんので、そういうことにならないように、早めの相続対策をお勧めし、遺産分割調停となったら感情のぶつけ合いは無駄でマイナスであることを説明して早めの円満な解決をお勧めするのが勘所です。

5　賃貸借関係の事件

1．勘所…賃料滞納の賃借人に借地借家法の保護はない！

　賃料滞納による契約解除・明渡請求、賃貸人の都合による解約・明渡請求、賃料の増減請求等の不動産の賃貸借に関する類型の事件は、不動産の賃貸借が日常生活や仕事の上で重要な役割を果たすとともに、契約書の記載内容がそのまま通用しないことが他の契約に比べて多いため、弁護士が相談を受けることの多い事件です。

　契約書は、それに記載されていることを約束しているのですから、本来は、その記載内容が守られるべきであり、その記載内容を相手方に請求できることになります。しかし、不動産の賃貸借契約書（建物所有を目的としない土地の賃貸借を除く）においては、借地借家法で賃借人保護が図られているため、記載内容に従った賃貸人から賃借人への請求が認められないことも多くなっています。まずは、このことを賃貸人に説明して理解してもらうことが勘所です。

　定期借地や定期借家の要件を満たしていなければ、「何年後に必ず明け渡します」との条項があったとしても、借地借家法で賃借人が保護されているため、必ず明け渡してもらえるとは限りません。賃借人が心変わりして明渡しを拒否したような場合、どうしても明け渡してもらいたければ相当額の立退き料を支払わざるを得なくなります。これは弁護士にとっては常識的なことですが、必ず依頼者に説明をし、理解してもらいましょう。

　他方、依頼者の中には、長期間の賃料滞納のような場合についても、借地借家法で賃借人が強く保護されているので、高額の立退き料を請求されるのではないか、弁護士に依頼すればさらに弁護士費用もかかる…と、弁護士に依頼して明渡請求訴訟を提起することを躊躇している人も少なくありません。

　しかし、強く保護されている賃借人というのは、賃料をきちんと支払っ

ている賃借人のことであり、賃料を滞納している賃借人は、賃借人の一番の基本的債務を怠っているわけですから、訴訟提起により短期間で立ち退かせることが可能です。このような相談を受けたら、まずはここを理解してもらうのが、この類型事件の勘所です。

2．受任時
(1) 相談カードで基礎情報の取得

　この類型において貸主側から相談を受けた場合、サンプル15の「相談カード」を事前に送付するなどして基礎的事項を記入して関係資料のコピーを持参してもらうと、事件の見通しや滞納賃料の回収の見込みが立てやすくなります。

　訴訟提起となった場合に不動産を特定する必要上、不動産の欄では多少細かいことの記入も求めています。固定資産税課税通知書の持参をお願いしているのは、訴額算定や未登記建物の特定のためです。

　訴状の起案の段階になって確認漏れで追加の聞き取りが生じないように、契約内容と現状のところでは訴状起案に必要な情報を記入してもらっています。

　また、保証人も含めた相手方の経済状態を記入してもらうことにより、滞納賃料の回収見込みを立てやすくしています。

　相談事項の欄では、依頼者が相談したいことの早期全体像把握や見落としを防ぐために網羅的な項目を記載しています。

(2) 賃料滞納は提訴を迷うだけマイナスが増える

　前述のように、賃料滞納が長期間となっても、高額の立退き料や弁護士費用を心配して明渡請求訴訟の提起を迷う人も少なくありません。しかし、賃料滞納の賃借人へも立退き料が必要などというのは誤解です。迷っている間に回収できない賃料が発生し続けるだけです。しかも、課税は発生主義なので賃料は入ってこないのに税金だけ取られる…。同じ弁護士費用を

サンプル15　相談カード（賃貸借：貸主側）

官澤綜合法律事務所　TEL022-214-2424　FAX214-2425　　　　　相談日：　　　年　　月　　日

相談カード（賃貸借：貸主側）

相談者　氏名（ふりがな）＿＿＿＿＿＿＿＿＿＿　（担当者 役職・氏名（ふりがな）　　　　　　　　　　）
　住所〒　　　　　　　　　　　TEL　　　　　　　携帯
　　　　　　　　　　　　　　　FAX　　　　　　　e-mail
　　　　　　　　　　　　　　　※相談者氏名のみ記入し、名刺添付でも結構です。

相手方
　賃借人：氏名（ふりがな）＿＿＿＿＿＿＿＿　保証人：氏名（ふりがな）＿＿＿＿＿＿＿＿
　住所〒　　　　　　TEL　　　　　　住所〒　　　　　　TEL

　占有者：氏名（ふりがな）＿＿＿＿＿＿＿　→賃借人との関係…転借人・
　住所〒　　　　　　TEL　　　　　　※その他、関係者の特記事項

不動産（土地・借家・アパート・店舗・事務所・その他）※可能なら地図、固定資産税課税通知書・明細書、登記簿等をご持参下さい。
　不動産の場所の住所…
　　登記簿上の所在、地番、┐→
　　家屋番号、面積を記載。┘

　所有者が相談者以外→氏名（ふりがな）＿＿＿＿＿＿＿＿＿＿（相談者との関係　　　　　　　　　）
　　住所〒　　　　　　　　　　　　　　　　　　　　　　　　TEL

契約内容と現状　　　　　　　　　　　　　　　　　　　※契約書、請求書等をご持参下さい。
　契約日…　　年　月　日：期間〜　　年　月　日：通常賃貸借・定期借地・定期借家
　賃　料…月額　　　　円＋共益費月額　　　　円　　（注）消費税は、地代・住宅家賃は非課税。
　敷　金…　　　　円：その他…　　　　　　円　　事務所店舗家賃・駐車場は課税。
　滞　納…無・有→　　年　　月頃から滞納が生じ、　月　日時点の賃料共益費の滞納額　　　円
　※他の契約違反や相手方の反論、
　　苦情等があれば御記載下さい。

相手方の経済状態　　　　　勤務先等　　　　　　　　　　　目的物
　賃借人：職業…無・不明・有→　　　　　差押可能財産…無・不明・有→
　保証人：職業…無・不明・有→　　　　　差押可能財産…無・不明・有→
　占有者：職業…無・不明・有→　　　　　差押可能財産…無・不明・有→

相談事項
　□賃料の増額・減額　□契約内容の変更（変更希望内容をその他欄に記載）　□滞納賃料の請求（普通郵便・内容証明）
　□明渡の請求・理由は、賃料滞納・用法違反・無断転貸・無断増改築・建物老朽化・期間満了・明渡の合意
　　・売却の都合・自己使用の必要・その他信頼関係破壊（詳しい内容をその他欄に記載）
　□現在の手続への不安（交渉中・調停中・裁判中　自分の弁護士…　　　相手の弁護士　　　　　）
　□その他

かけるのであれば、早い方がマイナスの発生を減らすことができてお得なのです。

つまり、躊躇していると回収できない滞納賃料が増えていくだけであり、早めに弁護士を依頼して訴訟提起することで経済的損失を増やさずに済むのです。

さっさと賃貸借契約を解除して賃料収入の発生をストップさせ、さっさと裁判を起こして相手方を立ち退かせ、賃料をきちんと支払ってくれる賃借人を入居させましょうと助言するのが、このような類型の依頼者の経済的マイナスを減らす勘所です。

依頼者いろいろ　5年間賃料を滞納した賃借人から居住権を反論された大家さん

アパートを所有している大家さんは、毎月賃料収入が入ってきて楽な生活ができそうと思われがちですが、賃料を滞納されると住宅ローンの返済にも苦労し、しかも不動産所得は発生して税金を取られるので、実際は楽ではないのです…。

5年間も賃料を滞納された大家さんが悩んだ末に相談に来所。前述のような説明を行った上で、即日受任して1週間後には提訴しました。

約1ヶ月後の第1回口頭弁論期日。賃借人が出廷して「5年間賃料を滞納したのは事実だが、私には居住権があるので立退き料をもらわなければ立ち退かない」と堂々と反論。

賃料滞納者に居住権などという権利はない！　賃料滞納がない賃借人に立ち退いてもうおうとすると正当事由がなかなか認めてもらえず立退き料が必要となるだけです。

ということで、相手方の反論が取り上げてもらえるわけもなく、2週間後に仮執行宣言付きの判決が出ました。

さすがに相手方も観念して、判決から1ヶ月後には引越し完了。

相談から約3ヶ月での立退き完了に、大家さんはもっと早く相談に来れば良かったと後悔していました。

(3) 賃貸借契約書は難しい…

　前述のように不動産賃貸借契約書は、借地借家法により賃借人保護が図られているため、賃貸人に有利な条項を入れても同法に反すれば効力を有しないことに注意が必要です。

　そのような条項を、賃借人に強制はできないが任意の履行を期待して入れるということはあり得ますが、そのような場合には、それが強制できない条項であることを依頼者にしっかりと説明する必要があります。口頭での説明では忘れてしまったり、オーナーや管理担当者が代わった際に引き継がれない恐れがありますので、書面で説明を行っておくことが大切です。

　ところで、最近は、期限がきたら更新なしで立ち退いてもらえる定期借地契約や定期借家契約の利用が増えてきており、その契約書の相談も増えています。

　これらの契約は、賃貸人にとって好都合なものなのですが、逆に賃借人が予期せぬ不利益を被らないように締結の要件が厳しく定められており、その要件を満たしていないとなれば、定期借地契約や定期借家契約としては無効となってしまいます。

　そのため、相談を受けて助言したり、作成を依頼されたりした際は、そのようなミスが生じないように入念なチェックを行うことが勘所です。

契約書をちゃちゃっとチェックして欲しいのですが…

　いろいろな契約について、「簡単な内容でよいので契約書を作成して下さい」とか「契約書を作成したのでちゃちゃっとチ

ェックして下さい」いう依頼を受けることがあります。

　一般の方々は、契約書の作成やチェックを裁判等より簡単な業務であると考えていることが多いですが、実は裁判より難しいことも少なくありません。裁判は、過去のトラブルの後始末であったりすれば、弁護士の腕に左右されないことも多いですが、契約は、将来のトラブルの防止・解決のルールの作成であり、将来のトラブルへの想像力、関係する法や判例の知識、適切なルールの作成と文章力など、弁護士の腕が試される難しい作業なのです。

　A4判1枚の契約書でも、それを完成させるまでには思索・検討・作成と、長時間にわたって七転八倒していることもあり、弁護士にとっては一種の作品なのです。

　そのため、契約書の作成やチェックについてもきちんと報酬を提示し、きちんと報酬を支払ってもらうようにしています。当事務所では、契約書チェックの料金は、顧問先以外の場合はA4判1枚当たり5000円にしています（顧問先は無料です）。

　「簡単な内容で」とか「ちゃちゃっとチェック」などというのは、無料で・格安でお願いしたいというつもりなのでしょうが、簡単にちゃちゃっとやれるなら自分でやったら？　契約書の作成・チェックは作品づくりと同じで大変なんです！　と言いたくなってしまいます…。

　もちろん、そんなことは実際には言いませんが、契約書の大切さ、その作成やチェックの大変さを説明・理解してもらうように努めています。

3．進行中

(1) 賃料免除でも任意立退きの和解がお得！

　建物明渡訴訟を提起した場合、相手方が裁判所に出廷し（訴状が届いた段階や、裁判前の場合もありますが）、「引っ越したいがその費用が準備で

きない。滞納賃料を免除してもらえないか？ そうすれば3ヶ月以内に何とか引っ越すので」などとお願いをされることがあります。

依頼者に報告・意見を求めると、「どうして滞納賃料を免除しなければならないのですか！ 全額の支払とすぐの立退きを命じる判決をもらって下さい！」と言われることが少なくありません。賃料を滞納された賃貸人としては当然の反応でしょう。

しかし、そのような判決を得るのは簡単ですが、実際にはめぼしい財産が無いことも多く、滞納賃料を回収するのは困難です。立退きの強制執行を行うとなれば、その費用が30万円以上かかってしまいます。先日、相手方が犬を引き取りに来ないのでペットホテル代が追加で約10万円かかるというケースもありました。

ですから、回収困難な滞納賃料を免除して数ヶ月で立ち退くとして和解した方が、強制執行の費用の金額分を考えると、お得な結果となるのです。「約束どおり立ち退いたら賃料を免除する」との条項にすれば、和解で約束した期限までの立退きの強い動機付けともなります。

以上のように、賃料免除をしてでも任意に立ち退く旨の和解を成立させた方がメリットが大きいということを依頼者に説明・納得してもらい、早期に和解を成立させるのがこの類型の事件の大切な勘所です。

(2) 賃料が相場より低いと立退き料は高くなる

賃料滞納がなかったり、あるいは少なかったりすると、立ち退いてもらうためには賃貸人が立退き料を支払わざるを得なくなります。

そのような場合、賃貸人のなかには、「今まで賃借人のことを思って賃料値上げを行わず、相場より低い賃料で貸していた。その恩を感じて低い立退き料で立ち退いてくれるのではないか」と考える人がいます。

その気持ちはわかりますが、現実には逆です。現在の賃料が相場より低いと、同等の不動産を現在の賃料で探すのが困難となり、逆に一定期間の差額の補填の必要が生じて立退き料が高くなることが多いのです。

この現実を賃貸人に説明し、将来立退き交渉を考えているのであれば賃料を相場並みに増額することを、また、すでに立退き交渉を始めているのであれば誤解による期待を捨てて適正な立退き料で早期に解決することを助言しましょう。

 幻の立退き料

　立退き料は、賃借人が当然に請求できるものではなく、賃貸人が賃借人に早期に立ち退いて欲しいがために支払うもので、賃貸人がその気持ちを無くすとご破算になるものであることに注意を要します。

　不動産バブルがはじける直前、高値での土地の買い手が現れたために建物からの立退きを迫られたテナントから、立退き料交渉を依頼されたことがありました。交渉の結果、かなり高額の立退き料の提示を受けることができたため、合意書締結を勧めたのですが、依頼者は「もう少し増額を粘りたい」とのことで、その旨を相手方に連絡し回答を待っていました。

　そうしていたところ、バブルがはじけて高値での土地の売買はご破算に。相手方から「そのまま借りていて下さい」と言われ、高額の立退き料の話もご破算となってしまいました。何事も深追いは危険です。

4．終了時
(1) 原状回復はほとんど大家負担が原則を理解させる

　以前は、借りていたアパートから引っ越す際には、畳の表替え、クロス張替えなどの費用を敷金から差し引かれるのが常識でした。借りていたのが2～3年くらいだと「特に損傷してもいないのに…」と不満に思った人もいたでしょうが、裁判で争われることはほとんどありませんでした。

しかし、現在は、賃借人に帰責事由の無い損傷や通常使用による損傷については、大家さんが負担し、敷金からは差し引けないのが原則となってきています。

新聞等にこの話題の記事が載ることもあり、大家さんにもだいぶ浸透してきていると思いますが、賃貸借契約書にクロス張替え等の費用を敷金から差し引けるような条項が入ったりしていることもあるため、以前の常識で敷金から差し引けないかと考える大家さんもまだ少なくありません。

依頼を受けた早い段階で、現在の原則を説明し理解を得ておくのが、交渉や和解をスムーズに進める勘所です。

 朝三暮四を朝四暮三で納得の相手方…算数は大切！

賃借人が室内をひどく損壊してしまった事件での原状回復についての和解。

原状回復工事費用を見積もったところ、約120万円という額、ただし多少増減があるかもしれないとのこと。そこで、100万円を仮払いしてもらった上で、工事完了後に実際の費用を敷金も含めて清算する案を提案したところ、相手方から、「減額して欲しい、70万円仮払いで工事完了後に実際の費用と清算にして欲しい」との提案。

減額なら清算無しでは…？　と思いつつ、「清算はありでよろしいのですか？」と聞いたところ、「仮払いを70万円にしてもらえれば清算ありでOK」との回答。

裁判所の法廷でOKと言っているのだから、まぁいいか…と、実質減額無しで和解を成立させました。

(2) 明渡しの内容の確認

　賃貸人としては、通常の原状回復は賃貸人負担でやむを得ないとしても、廃棄に費用を要する物を残されると困ります。

　そこで、残された物をめぐってトラブルにならないよう、また依頼者から「こんなはずでなかった」とクレームを受けないよう、残してよいものと、残してはいけないものを事前に相手方と取り決め、明渡し時に確認することが勘所です。

　多少残された物があったとしても、それは賃貸人が処分して賃借人に費用請求できるとしておき（実際に費用を回収できるかは微妙でも）、自分で処分できることでよいのではと思うことも多いのですが、こだわりのある依頼者もいますので注意しましょう。

　和解に至るまでは細かいことをいろいろと言ってくる嫌な相手と思っていたのですが、明渡しの当日に現地に行ったところ、最後に箒で掃き掃除を行っていて見直したということもありました。

6　隣近所同士の事件

1．勘所…費用の節約と穏便な解決を！

　境界問題や通路・通行権の問題、日照・騒音の問題など、近隣住民同士の事件は、経済的利益は小さいにもかかわらず、測量や各種数値の測定の費用は大きく、しかも法律的にも感情的にも解決が難しいことが多い事件です。

　この類型の事件は、近隣に住む者同士であるため、当初は我慢していたものが我慢しきれずに争いになっていることが多く、溜まったものが爆発して感情的になっている依頼者が少なくありません。また、勝っても費用倒れになることが多いのに、「お金の問題ではありません！」という人もいます。しかし、そのような人であっても、後々冷静になってくると、かかった費用に後悔しだすもの。

　そこで、この類型の相談を受けた場合には、測量等に多額の費用がかかること、あまり激しく争うと、解決後も隣近所とのしこりが残ること等を説明し、なるべく穏便な解決に誘導するのが勘所です。

　どうしても法的手続を行わざるを得ない場合は、測量費用などの支出が無駄だったと思われないような配慮が必要です。

　この類型の悩ましいところは、隣人は選べないということです。いくら依頼者が穏便に、円満な解決のために心を砕いても、隣人がそのようなことを全く受け入れようとしない人ですと、どうしようもありません。揉めてしまったら、根本的な解決としてはどちらかが引っ越すしかないという場合もあります。

　そうならないように日頃から隣近所の付き合いに留意し、揉めても隣人の子供が常識のある人であれば、子供の代になるまでじっと堪え忍ぶという事例もあります…。

2．受任時
(1) 測量等に多額の費用がかかることの説明

　この類型では、前述のように各種測定等のために多額の費用がかかることが多いです。まずは、そのことを依頼者に十分に説明し、そして法的手続を行った場合の見通し等も説明した上で、今の時点で弁護士に依頼して交渉や法的手続を行うのかどうか、場合によっては相手方の子供の代での解決とするか、を慎重に判断してもらいましょう。

　依頼者が弁護士の依頼を決断した場合は、なるべく依頼者の費用負担が少なくなるような手続、測量時期等を選択しましょう。

　例えば、境界問題であれば、裁判所での調停や訴訟より、法務局が行っている「筆界特定制度」を利用する方がお得です。

(2) 相手方が自分の隣近所となる事件は避けよう

　私のような田舎に住んでいますと、この類型の事件に限らず、自分の隣近所同士の揉めごとの相談が持ち込まれることもあります。

　しかし、自分の隣近所の人が相手方となるような事件を受任してしまうと、地域の行事やちょっとしたことで相手方と顔をあわせることもあるので、なるべく円満な解決を心掛けている場合であっても、お互いに気まずい思いをしかねません。そのため、利益相反等の弁護士職務基本規程の条項に反するわけではありませんが、隣近所の人が相手方となる事件を自分が受任するのは、初めから避けた方が賢明です。なお、このような事件は、利益相反等の問題は無いので、同じ事務所の他の弁護士に受任してもらうことは問題ありません。

　同様の理由から、自分の法律事務所と同じビルに入居している人を相手方にする事件なども、避けた方がよいでしょう。エレベーターで気まずい思いをしないで済みます。最近、当事務所が入居しているビルのオーナーが変わったのですが、オーナーを相手方とする事件も受任を避けることにしました。借地借家法で保護されているので、急な賃料増額やひどい嫌が

らせの心配はないと思うのですが、やはり気持ちは良くないと思いますので。

通路の所有権確認事件が私の事件第1号

　司法修習生の頃、知り合いから相談を受け、公図不正確等が原因となった通路の所有権確認の調停申立書を作成しました。

　さすがに、私が代理人となるわけにはいかず、就職予定だった法律事務所のボスの了解を得て、ボスを代理人とした調停申立書としました。そして、初回はボスに出廷してもらい、弁護士登録した後は私が代理人として出廷しました。その後、調停は不調となり、訴訟を提起して解決までおよそ5年を要しました。

　今になってみると、もっと測量費用を節約できたな、もっと解決までの期間を短くできたな、と反省です。

　もちろん、司法修習生のときの着手金はすべてボスへの入金でした（後で多少の小遣いをもらえないかと期待したのですが…）。

3．進行中

(1) 当初は費用をかけない図面等を使用

　この類型の事件では、各種の申立てを行う際、裁判所に紛争の内容を理解してもらうために、また依頼者の主張を明らかにするために、図面の提出が必要になることが多いです。

　しかし、そのような場合は、はじめから土地家屋調査士等に依頼して費用をかけた正確な図面を作成・提出したとしても、相手方の主張等によっては別の図面を作成しなければならなくなることもあり、費用が無駄になってしまう可能性があります。

ですから、当初は、費用をあまりかけずに取得できる法務局の地図又は地図に準ずる図面（公図）、住宅地図等を利用し、その図面に依頼者が主張する線を弁護士が書き込んで寸法を入れるなどして作成・提出すると、初期の目的は達成しつつ、費用の節約になります。

　弁護士になってしばらくは、このような点にまで気が回らず、依頼者に無駄な費用を支出させていたような気がします…。

　なお、境界が争いになったような場合は、法務局には前述の地図以外にも分筆の際の地積測量図や建物図面等も備え付けられており、いろいろと参考になりますのでそちらを調査・取得してみましょう。また、土地の利用状況については、日本地図センターから購入できる国土地理院の航空写真が参考になりますが、平成12年頃以降であれば無料の Google Earth の航空写真も使用に耐えますので、お試しを。

(2) 費用がかかる測量、測定等は争点整理後に

　裁判所は、当事者に対し、初期の段階から費用を気にせず各種資料や図面の作成・提出を求めがちです。

　しかし、それに安易に応じていると、前述のように複数回の測量などを行うことになり、結果的に依頼者の費用負担が増すことになりますので注意しましょう。

　費用のかかる正確な測量や各種の測定を無駄にしないためにも、これらは争点整理後に、そして当事者の費用分担も決めた上で実施するのが勘所です。

> **ちょっと一言**　外ではサングラスで凄むが法廷では普通の眼鏡をかけた専門家
>
> 　公道に接していないなど、お金を取れそうな問題のある土地を探しては因縁をつける、ろくでもない専門家も稀にいます。

以前、そのような専門家が相手方となった事件がありました。正当な反論をする相手に外ではサングラスをかけて「覚えてろよ！」などと乱暴な言葉で凄みますが、証人として法廷に呼ばれたときには、いたって普通の眼鏡。
　そして、反対尋問へ。
　―今日は普通のメガネですが、外ではサングラスのことが多いですね。
　「そうでしょうか。」
　―私と会ったときはいつもサングラスでしたね。
　「そうでしたかね。」
　―依頼者や私に対し現地でサングラスをかけて凄みましたよね。
　「覚えていませんね。」
　―私は「覚えてろよ！」と凄まれたのでよく覚えていますよ！
　この反対尋問で相手方の悪いイメージを裁判官に持ってもらえ、勝ち筋の和解に持ち込めました。

4．終了後

(1) 終了後は大人の振舞いを求める

　この類型の事件では、終了した後にも感情的なしこりは残ることが多いもの。

　しかし、隣近所同士なのですから、事件が終了した後は、内心はどのように思っていたとしても、それを表に出さずに普通に挨拶するなど、大人の振舞いするよう依頼者に勧めましょう。

　そうでないと、第2ラウンドの戦いが始まりかねません。

(2) 争いの種は子孫に遺さない

　依頼者の自宅の周囲に将来トラブルが起こりそうな土地があったら、ト

ラブルになる前に買い取るなど、早めに解決しておくことを勧めましょう。
　トラブルになる前であれば、感情的にならずにリーズナブルな金額で解決することが可能です。
　また、現在所有している土地が将来トラブルの種になりそうな場合、将来的に有効活用できる見込みが無い土地なのであれば、依頼者の代で手放す覚悟で解決した方が、子供たちは助かる場合もあることを説明しましょう。
　親やご先祖様が守ってきた土地を手放すというのは、子孫は行いにくいものです。多少の損をしても、今、将来の争いの種を無くしておくのが子供のためなのです。

7 刑事情状弁護の事件

1．勘所…被告人の更生が第一！

　罪を犯したことについては認めた上で、被告人に有利な情状を主張・立証する刑事情状弁護は、弁護士になった直後から国選弁護として受任することが多い類型の事件です。

　この類型の依頼者である被告人は、ごく稀な場合を除き、刑を軽くして欲しい、可能なら刑務所に入らないように執行猶予にして欲しい、刑務所に入るにしても期間はなるべく短くして欲しいと考えているものです。

　私は、刑事情状弁護の目的は、被告人の更生だと思っています。

　被告人が更生することは、被告人自身のためになるだけでなく、家族・社会のためになります。そして、刑は軽くできた方が被告人の社会復帰に有益であり、また、言い渡された刑に被告人が納得できた方が、不服を引きずらず、被告人の更生に繋がります。

　そのためにも、この類型の事件の依頼者対応の勘所は、刑を軽くできるような情状弁護を行ってあげること、刑を軽くできる見込みが無い場合であっても、被告人の意を受けて被告人が納得できるような弁護活動を一生懸命に行ってあげることです。法曹の常識からすれば何をしても同じ刑になると思われる場合であったとしても、一生懸命に弁護してもらった上でこの刑だったのだということで、被告人の納得に繋がるからです。

2．受任時

(1) まめなコミュニケーションで寂しがらせるな！

　私は、前著でも本書でも、依頼者へのまめな報告によるコミュニケーションの大切さを強調してきていますが、勾留中の被告人との関係では、特にまめなコミュニケーションが大切です。

　というのも、勾留中の被告人の多くは、刑事事件は初めての経験であり、

「これから自分はどのようになってしまうのか…」などと不安を感じているからです。まして勾留中であれば、外部との連絡が厳しく制限され、捜査担当者といういわば敵に囲まれ孤立した状態で、犯した罪の重さに苛まれながら、仕事や家族がどうなっているのか、どんな刑になってしまうのかといったことについて、1人悶々と思い悩んでいるものです。弁護人は、そのような被告人と立会人なしで自由に面会できる唯一の味方なのです。

　弁護人となったら、なるべく速やかに接見に行きましょう。

　勾留場所が遠方である場合や、すぐには時間が取れず速やかな接見が困難な場合には、自分が弁護人になったことや接見にいつ行けるかについてを直ちに手紙で知らせましょう。そうすることにより、いつ接見に来てくれるのだろうと被告人が気を揉んだり弁護人への不満を募らせたりすることを防げます。

　2回目以降の接見について、被告人が求めるほど頻繁にできないような場合は、電話による外部交通が可能な施設であればそれを利用し、そうでなければ手紙も利用してまめなコミュニケーションを心掛けましょう。

　まめなコミュニケーションが、被告人の不安や寂しさを和らげ、弁護活動への納得に繋がるのです。

　なお、同じ施設に弁護している被告人が複数人いるのであれば、特に用事が無い被告人についても短時間でも構いませんので接見するようにしましょう。そうしないと、狭い施設のなかでは情報が伝わりやすく、「ここまで来ていたのに自分には接見してくれなかった…」と寂しがらせることになるからです。

接見より愛人への手紙を優先された…

　国選で控訴審の刑事弁護を受任したときのこと。

　記録を読んで控訴趣意書の構想を練り、被告人との接見のために拘置支所に行きました。

ところが、「『愛人への手紙を書いていて忙しいので接見したくない』と言っている」と職員から申し訳なさそうに言われました。短時間で済ますからともう一度聞いてもらうも、同じ返事！
　被告人からの接見拒否は初めて…。しかも愛人への手紙に負けた…。
　仕方ないので接見せずに帰って、控訴趣意書の起案に着手。
　すると、控訴趣意書完成直前になって、「被告人が控訴を取下げました」との連絡！
　うーん、取下げ予定なら控訴趣意書の起案などしなかったのに…。
　それ以来、必ず控訴取下げ予定の有無を確認してから控訴趣意書を起案することにしました。

(2) 厳しめの見通しで裁判をなめさせるな！

　私は、これまで、依頼者とのトラブル防止や和解への納得の得やすさのため、『見通しは、厳しめぐらいが　ちょうどいい』などと依頼者には厳しめの見通し説明をお勧めしてきていますが、刑事情状弁護においては、甘めの見通しは禁物であり、厳しめの見通しを徹底しましょう。
　もちろん、事件の内容によっては、間違いなく執行猶予が付されるであろう刑事事件もあります。しかし、被告人にそのことを伝えてしまうと、被告人によっては楽観して公判廷で裁判をなめたような態度をとり、反省が足りないと判断されてしまって実刑ということもあるからです。
　ですから、執行猶予が間違いないような事件の場合でも、「きちんと反省していることが裁判官に伝われば執行猶予となると思うが、反省していないと思われてしまえばどうなるかわからないので、きちんと反省してそれが裁判官に伝わるようにしましょう」と留保付きの説明にし、「油断するとどうなるかわかりませんよ」と厳しめの見通しで裁判をなめさせないことが大切です。

警察官からの甘い見通しは困りもの…

　被告人のなかには、初回の接見の際、「担当の警察官から執行猶予だから心配するなと言われました」と明るく言う人も時折います。

　ほぼ執行猶予確実と思われる事件の場合ならまだよいのですが（それでも、油断すると実刑の恐れもあると手綱を締めますが）、微妙な事件の場合は困ってしまいます。

　楽観はできず、どうなるか微妙であるということを弁護士から上手に説明しないと、かえって被告人を悲観させてしまったり、弁護人への不信感を生じさせたりすることになるので、余計な神経を使います。

　甘い見通し説明をした警察官に責任をとって欲しくなりますが、代わりに弁護人になってもらう訳にもいきません…。

3．進行中
(1) 示談と保釈は国選弁護人の職務の範囲

　この類型で被害者のいる事件の弁護活動は、被害の回復、被害者からの宥恕が一番の情状となりますので、示談書、領収書、嘆願書の3点セットの獲得が目標となります。

　以前は、示談や保釈は国選弁護人の職務ではないという弁護士も全くいないわけではありませんでした。

　しかし、弁護士職務基本規程第47条は、国選・私選を区別せず、「弁護士は、身体の拘束を受けている被疑者及び被告人について、必要な接見の機会の確保及び身体拘束からの解放に努める。」と定めているのであり、国選弁護でも保釈に努める義務があるのです。

　また、刑事情状弁護においては、被害者との示談交渉こそが弁護活動の中心なのであり、国選弁護人の職務に当然含まれるものです。

ですから、国選弁護の場合であっても、示談交渉や保釈申請を誠実に行うことが必要となります。

国選弁護の報酬は、国から法テラス経由で支払われますので、同規程第49条の定めのとおり、「弁護士は、国選弁護人に選任された事件について、名目のいかんを問わず、被告人その他の関係者から報酬その他の対価を受領してはならない。」のです。

示談や保釈も前述のように国選弁護人の当然の職務ですから、被告人等から別に対価を受領したりすると同条違反になってしまいます。

示談や保釈についてうっかり金銭を受領してしまい、弁護活動に不満を持った依頼者から懲戒申立てを受けることがないように注意しましょう。

(2) 積極的真実義務は無いが違法行為や証拠隠滅への加担は不可

この類型の事件においては、前述のように、刑を軽くできる見込みが無い場合であっても、被告人の意を受けて被告人が納得できるような弁護活動を一生懸命行ってあげることが勘所です。

弁護士は、刑事弁護においては、被告人に不利な方向での真実義務、いわゆる積極的真実義務は負いません（弁護士職務基本規程第82条１項）。しかし、証人に偽証をそそのかしたり、虚偽の証拠を提出したりすることは、第75条の適用を受けて禁止されています。

いくら被告人のためといっても、違法行為に加担することとならないように注意しましょう。

弁護人は、勾留中の被告人との書類等の授受が刑事訴訟法第39条１項で保障されています。家族や友人知人からの手紙等を差入れたり、被告人の書いた手紙を宅下げすることも可能です。

しかし、そのような場合は、罪証隠滅や強迫等の違法行為への加担とならないように手紙等の内容を確認してスクリーニングを行い、内容に問題があれば被告人に差入れしない、宅下げされた手紙を家族や友人知人に交付しないことが勘所です。

(3) 関係者と協力しながらの示談交渉

　被害者のいる犯罪の場合は、被害者との示談が一番の良い情状となりますので、被告人やその家族などの関係者と協力しながら示談交渉を行うことが大切です。

　被告人が勾留されていない場合は、被告人が自ら被害者のところに謝罪や被害弁償に行くのが原則です。

　被害者が被告人を恐がっているなど、被告人との接触を拒否する場合や被告人が勾留されている場合は、被告人の家族などに行ってもらわざるを得ません。

　被告人が勾留中で、協力してくれる家族・友人もいない場合には、弁護人のみが被害者のところに行って示談交渉を行うことになります。

　ところで、被告人やその家族のなかには、自分が被害者のところに行けるにもかかわらず、弁護人に任せたがる人もいないわけではありません。

　被害者のところに行けば怒られるだろうし、できれば自分は行かずに弁護人に行って欲しいということなのでしょうが、それでは被害者に謝罪の気持ちが伝わりません。また、弁護人のみが被害者のところに行って示談すると、謝罪の状況や被害者の宥恕について尋問等で立証するのが困難となります。

　そのことを被告人や家族に説明し、きちんと被害者のところに行ってもらい、その状況等を法廷で供述してもらうのが勘所です。

 被告人の代わりに司法修習生が謝罪し店主に叱られる！

　　在宅の万引き事件を国選弁護で受任し、被告人と事務所で打合せ。

　帰り道に、被告人が万引きした店に行って謝罪と弁償をすることになり、特に問題も無いだろうと司法修習生のみを同行させました。

2時間後に戻ってきた司法修習生に状況を聞くと、被告人が反省の態度を示さなかったので店長が激怒したとのこと！　慌てて司法修習生が代わりに謝罪し、店長から長時間叱られたと憤慨していました。
　その後、無反省の被告人は、また万引きをしてしまって逮捕。しかも、公判前の当事務所での打合せの帰り道に…。もちろん、判決は実刑でした。

(4) 情状証人や被告人質問ではサプライズを

　この類型の事件においては、被告人にとって有利な情状を、情状証人の尋問や被告人質問で裁判官（裁判員裁判の場合は裁判員にも）に伝えることが大きなウエイトを占めていることも少なくありません。

　私は、情状証人の目的は、その証言自体を有利な情状とすることと、証人の言動を見聞させて被告人を反省させることにあると思っています。

　被害は弁償した、被害者が宥恕したといった有利な情状の証言が期待できない場合でも、被告人に自らの犯罪で家族が苦しんでいることを見聞させます。人間は自分自身の苦しみには耐性が強い一方、家族などの大切な人が自分のために苦しんでいる姿には耐性が弱いことが多いため、悪いことをしてしまったと被告人の心からの反省に繋がる可能性が高いのです。

　被告人質問の目的は、反省していることを裁判官に伝えることにありますから、「反省していますね」「はい」「二度としませんね」「はい」のような誘導尋問は全く効果がありませんので避けて下さい。心が込もらず、反省が裁判官に伝わらないからです。

　被告人質問の勘所は、被告人の心を動かし、心から反省させ、心からの言葉を出させることです。心からの言葉は、裁判官や裁判員の心に届き心を動かす。そして、被告人にとって良い刑を言い渡してもらえることになるのです。

　民事事件や刑事否認事件の尋問の場合は、詳細な尋問メモを作成し、入

念なリハーサルを行って本番に臨むことが大切です。

しかし、刑事情状弁護の場合は、入念なリハーサルを行うと本番でもそのとおりになってしまい、被告人のリアルな心の動きが裁判官や裁判員に伝わりません。そこで、被告人に事前に知らせないサプライズを残しておき、本番でそれを見せ、聞かせ、尋問すると、被告人の心を動かすことができ、それが裁判官や裁判員にも伝わると思っています。

どのような尋問を行うかについては、前著『弁護士業務の勘所』を参考にしていただければと思います。

 本当は悪いと思っていません！

ある暴力団組員の傷害事件の国選弁護を受任。

被告人の所属する組には、「理由なく組の名前を出して一般人を脅かしてはならない」という掟がありました。しかし、組に入会希望で見習い中の少年が、その掟を守らず一般人を繰り返し脅かしたため、組員が注意として殴ったところ、交番に駆け込まれたとのこと。誰もが殴られた方が悪いと思うであろう事件で、殴った被告人も、情状証人となってくれる彼女も（実は弁護人も）、殴られた方が悪く被告人は悪くないと思っていました。

しかし、法廷でそのまま証言されては困るわけで、「どんなに相手が悪くても、殴るのは悪いことだ」とリハーサルでは納得してもらい、本番へ。

法廷で、証言をする彼女に「どんなに相手が悪くても、殴るのは悪いことですよね？」と質問。でもなかなか答えがなく、「そうですよね？」と答えを促したところ、「彼は悪くありません！ 悪いのは相手です。私も彼も本当は悪いと思っていません！」とかわいい顔で高らかに証言！

これには私も思わず苦笑。裁判官も笑いをかみ殺しており、これは

> 特に刑には悪影響はなかったようでした。
>
> 　ちなみに、暴力団も、変な人を入れるとあとが大変なので、掟や組員の入会審査・指導は厳しいようです。
>
> 　そういえば、接見の際に車に乗せてくれた被告人の子分に、道路沿いの店でハンバーガーを買ってごちそうしたらとても感謝されました。経済的にも厳しいのか…。

4．終了時

(1) 執行猶予は海外渡航に影響あり

　無事に執行猶予の判決となった場合、その期間内に刑事事件を起こしてしまうと執行猶予が取り消されることがあるということは、ほとんどの弁護人が注意していると思いますが、海外渡航への影響については見落としがちなので注意しましょう。

　私も以前は見落としていたのですが、現在持っているパスポートが無効になって限定パスポートの取得が必要になり、さらに相手国が入国を認めるかどうかの問題が生じ、アメリカなどでは逮捕歴があればビザ免除の対象から外れるのです。

　旅行や出張で海外渡航も珍しくなくなった昨今、結構大きな影響ですので、被告人の説明では注意しましょう。

(2) 被告人からの事件の依頼・紹介には臨機応変に

　事件終了後や刑務所からの出所後に、元被告人から感謝の電話連絡があるのは嬉しいものです。

　なかには、お世話になった弁護士の収入に多少でもプラスになればという気持ちからなのでしょうが、新しい事件の依頼や、知り合いの事件などの紹介をしてくる人もいます。

　ありがたい場合もあるのですが、少し筋が悪い事件の場合もありますの

で、臨機応変に対応しましょう。

　なお、勾留中に同房者を紹介しようとする被告人もいますが、そのような人は現在の弁護人について不満を持っていることが多く、ありがた迷惑な紹介の場合もありますので注意しましょう。

8 民事控訴審の事件

1．勘所
(1) 事実審としては最後で短期間の戦い
　相手方が控訴してきた場合を除き、依頼者が控訴しているということは、多かれ少なかれ原判決に不満があったから控訴しているのです。そして、最高裁判所があるとはいっても、事実審としては控訴審が最後であり、しかも短期決戦となっています。

　そこで、この類型の事件では、依頼者の不満を解消できるような良い解決のため、短期間で最良の活動を行うことが大切となってきます。

　そして、依頼者が満足できるような結果とならなかった場合でも、依頼者に納得してもらえるような説明や活動を行うことがこの類型の事件の依頼者対応の勘所です。

(2) 控訴理由書に心を込めろ！
　こちらが控訴した事件においては控訴理由書が勝負です。

　控訴理由書について、期限ぎりぎりに提出したり、遅れて提出する弁護士も少なくありません。しかし、控訴審の裁判官が原判決や記録を読み、その頭が原判決の色に染まってからでは遅いのです。

　原判決の色に染まる前、つまり、控訴審の裁判官が原判決や記録を本格的に読み出す前に、原判決の結論を依頼者に有利な内容に変更する必要があるのだと思わせるような控訴理由書を提出することが大切です。

　控訴理由書の冒頭に原判決の概要を記載する弁護士もいますが、控訴審の裁判官は原判決を読むのが当たり前ですから、そのような記載は無駄なのです。かえって時間のない裁判官をイライラさせる恐れもありますので止めておきましょう。

　控訴理由書が短いと依頼者は不安に思うかもしれませんが、前著『弁護

士業務の勘所』に記載したように、書面は簡潔な方がよいのです。

そこを、依頼者に説明・納得してもらい、早く・短く・説得的な控訴理由書を提出することがこの類型の勘所です。

第1回口頭弁論期日まで、補充の書面提出は何度でもできるのですから、まずは、早く・短く・説得的な控訴理由書を提出しましょう。

2．控訴類型ごとの勘所

民事控訴事件の依頼者対応は、その控訴の類型に応じて異なってきますので、以下ではいくつかのケースに分類して説明していきます。

(1) 原審勝訴で控訴棄却確実な事件

このケースの事件については、こちらは何もしなくてもよいほど楽なものです。

ただ、全面勝訴判決を得たとしても、現実的な利益や最終的な解決までの時間を考えると、和解した方が依頼者に利益が大きい場合は、事前にそのことを依頼者に説明し、多少譲っての和解を考えましょう。

(2) 原審勝訴だが逆転敗訴確実な事件

このケースは、もともと原審で勝訴の見込みが低いことを説明した上で受任し、敗訴であろうと思っていたものが、なぜか原審の裁判官が勝訴させてくれたという場合です。

もちろん依頼者は大喜びしており、相手方が控訴しないで確定すればめでたしめでたしなのですが（時折そのようなこともあります。きっと、こちらが把握していない弱点があったのだろうと思います）、相手方の多くは控訴をしてきます。

すると、ほとんどの事件で、控訴審第1回口頭弁論の際に、裁判官から当方が負け筋の和解の話を持ち出されることになります。

ですから、このケースの事件においては、控訴審の委任状を依頼者からもらう際に再度、勝訴の見込みが低いこと・逆転敗訴の見込みが高いこと

を説明し、負け筋の和解を成立させる方がメリットがあることを説明・納得しておいてもらうのが勘所です。

もちろん、依頼者には前述のように負け筋の和解を納得しておいてもらいつつ、実際の和解においては原審勝訴のアドバンテージを利用して負け幅の少ない和解を目指しましょう。

(3) 原審敗訴で控訴棄却確実な事件

原審敗訴の事件では、依頼者は、原審の弁護士と異なる弁護士に依頼することも少なくありません。

そのため、原審敗訴の判決と記録を持参した依頼者から、「この事件の控訴審を受任して欲しい」といって相談される場合もあるのですが、控訴審での見込みを短時間で立てるのは難しいことも。しかし、控訴期限は迫ってくる…。

そのような場合は、控訴自体は期限内に依頼者本人名で行ってもらい、原判決と記録を読んで見通しを立てるだけの時間（1～2週間程度）と費用（数万円程度）をもらい、その結果を踏まえて見通しを説明します。その上で、依頼者は依頼するのか、弁護士は受任するのかを決めるとよいでしょう。

さて、原審敗訴で控訴棄却確実な事件の依頼を受けた場合は、判決となれば敗訴なのですから、何とか負け幅の少ない負け筋の和解に持ち込めるように頑張るしかありません。

もちろん依頼者にはそのことを十分に説明・納得しておいてもらうことが勘所です。

"控訴理由書は短めに"と前述しましたが、このケースの事件の場合は、最終的には負け筋の和解か敗訴判決になるため、ここまで書いての結果なのだと依頼者に納得感をもってもらう必要がありますので、多少長めの理由書にした方がよいでしょう。ただし、相手方に譲歩してもらっての和解が目標ですから、相手方の感情的反発を買うような記載は禁物です。

(4) 原審敗訴だが原判決が間違いの事件

　このケースの事件は、勝訴見込みであったにもかかわらず、なぜか敗訴となってしまった事件であり、依頼者は不満を募らせていることが多いです。

　逆転勝訴、もしくは勝ち筋の和解に持ち込むべく全力を尽くす必要があります。

　実は、この類型の事件の場合（間違った原審勝訴の事件の場合も）、控訴審の裁判官の方でも原判決を読んだ時点から逆転を考えている場合も少なくありません。

　しかし、必ずしもそうであるとは限りませんから、控訴審の裁判官の頭を当方に有利に染めるため、ここでも、「逆転しなければならない」と思わせるような控訴理由書を、簡潔な内容でスピーディに提出することが勘所です。

(5) 控訴審での勝敗が微妙な事件

　このケースの事件は、もともと勝敗が微妙だったのであり、原判決の勝敗はたまたまの結果なのです。

　原審を受任する際にもそのことを説明しているはずですが、控訴審でも再度依頼者に説明することが大切です。

　特に、原審で勝訴している場合、依頼者は実は勝敗が微妙であったということを忘れがちですので、控訴審での和解の都合もあるため改めてきちんと説明しておくことが勘所です。

　また、原審敗訴の場合は、前述のように心を込めた控訴理由書を早く提出し、有利な和解や逆転勝訴を目指しましょう。

　もちろん、原審勝訴の場合も、逆転敗訴の恐れもあるので、控訴理由書に対する反論の書面に力を注ぎ、有利な和解や控訴棄却を目指しましょう。

9　その他の類型の事件

1．経営者から労務関係の事件の依頼を受けたら
(1) 社長の気持ちはわかりますが…

　仕事ができず周囲から給料泥棒と思われている労働者、態度が悪くて職場の雰囲気を害する労働者などに対し、このままでは職場全体へ悪影響を及ぼすためにやむなく解雇に至った場合でも、労働者から解雇無効と主張されると経営者側が勝つのは容易ではありません。むしろ、かなり困難なケースが多いものです。

　そのことを早い段階で理解しておいてもらうのが、この類型の事件を経営者側から依頼を受けた場合の勘所だと思っているのですが、あまり早すぎる段階で「社長、労働基準法や労働契約法に反していて勝つのは無理です」と言ってもなかなか納得はしてもらえないものです。

　そこで、まずは社長など経営者側の気持ちを聞く時間を十分にとり、その上で「お気持ちはよくわかりますが、現在の法律や判例では難しいのです。早めに金銭で解決するのが御社の将来や社長の精神衛生上も良いですよ」などと説明し、納得してもらうようにしましょう。

　労働者側の代理人弁護士も、「自分の依頼者ながら、解雇に至った社長の気持ちはよくわかる」と言っていることもありますので…。

 依頼を言い出せなかった経営者

　労災による慰謝料を請求された経営者が、知人の紹介で事務所に来所。

　安全配慮義務違反については微妙であり、100万円を提示して様子を見てはと助言しました。

　拗れてはいないし、弁護士費用の準備も大変そうだったので、受任

ではなく助言にとどめたところ、紹介者から、「本当はすぐに依頼したかったのだが、弁護士事務所に行くのは初めてで緊張してしまい、きちんと受任して欲しいと言い出せなかったそうだ」との電話がありました。

そのときに言ってくれれば、すぐ受任したのに！ でも、それだけ相談者は緊張しているのだということに配慮が必要であると再認識しました。

安全配慮だけでなく、依頼者配慮も大切です！

(2) あなたの大切な人だったらどう思いますか？

近年、セクハラやパワハラの相談が増えています。

経営者や管理職の人たちのなかには、「職場の雰囲気を和ませようとしただけでセクハラのつもりはなかった」「相手の成長を期待して仕事の態度を注意・指導しただけでパワハラのつもりはなかった」と主張する人も少なくありません。

しかし、セクハラやパワハラは、行った人がどう思っていたかではなく、受けた人がどう思ったか、どう感じたかがポイントです。

私は、「あなたの大切な恋人やかわいい娘が、あなたの目の前でそのようなことをされているのを見たら、あなたはどう思いますか？」と聞くことが多いです。

そして、「うーん、それは許せないな…」と答えが返ってくれば、早めに金銭を支払っての和解に誘導していきます。

遅刻の多い部下を注意したら居酒屋で抱きつかれ…

遅刻が多いなど勤務態度の悪い女性社員を、多少厳し

めに注意した社長。

　少し厳しすぎたかなと思い、フォローのつもりで居酒屋に誘って「君の将来に期待しているんだ」などと慰めたところ、帰り際に「私、頑張ります！」と抱きつかれ、励ましのつもりで社長も抱きしめ返してしまった…。

　しかし、その後も勤務態度は改善せずやむなく解雇に。

　すると、「居酒屋に無理矢理に誘われ抱きつかれた、セクハラを受けた」と慰謝料請求！

　このような場合、男性の反論を認めてもらうのは容易ではなく、家庭への悪影響も避けられない…。

　男性は、部下や依頼者の女性との夕方以降の１対１は要注意です！

(3) 労働審判の審判で稟議・決裁の苦労軽減！

　労働審判手続は、一連の司法制度改革により作られたもののひとつですが、一番のヒットといってよいでしょう。解雇をめぐる事件等の解決について、労働者側からも経営者側からもよく利用され、早めの解決が図れると好評を博しています。

　ところで、裁判所に来ている経営者側の担当者は、労働審判手続の中で裁判所が示した調停案が相当と考えている場合でも、上司や社長の承諾を得るのに苦労する場合があります。社長に裁判所に来てもらえば早いのですが、時間が取れない、場合によっては社長が出てくると拗れるなどといった理由で来ていない場合は稟議書作成にも苦労します。

　そのような場合は、無理に調停でまとめようとせず、審判を出してもらった方が、「裁判所から出されたのなら仕方ない」となることもあり、不服申立てまではせずに確定し、最終解決となることも少なくありません。

　経営者側内部の稟議・決裁に手間取りそうなときは、労働審判手続の審判を上手に利用するのが勘所です。

> **依頼者いろいろ**　退職者の競業を止めろとの請求書の依頼で冷や汗…
>
> 　就業規則や入社時の誓約書等に退職後の競業禁止の条項があるにもかかわらず、退職者がライバル企業に就職したり、独立して同じ仕事を始めたりすると、顧客を奪われる恐れがあるため、多くの社長は怒り心頭に発するもの。
>
> 　競業を止められないかと来所する社長もいますが、退職後の競業禁止を裁判で認めてもらうには厳しい要件が課せられているのが判例であり、「なかなか困難です」とお断りせざるを得ないものが多いです。
>
> 　「裁判が無理なら警告の請求書だけでも」と懇願され、うっかり競業禁止の請求書を郵送したところ、相手方から「先生は本当にこの請求が成り立つと思いますか？ 判例ではセーフでは？」と反論の電話があり、冷や汗ものでした。
>
> 　場合によっては相手方への業務妨害となるので注意しましょう！

2．破産管財人になったら

(1) 就任直後が勝負所

　私が弁護士になって間もない昭和60年代から平成初期の頃は、破産事件は少なく、また、他の事件で弁護士が忙しいこともあってか、破産管財人を引き受ける弁護士は少なかったようです。

　私は、弁護士になって2年目から中古自動車販売会社の破産管財人に選任され、その後20年くらいは個人・法人の破産管財人をコンスタントに引き受けてきていました。

　平成初期の頃は、書式集といえば大阪弁護士協同組合の本くらいしかなく、自分で書式を作成・工夫してマニュアルを作成して処理していました。少し経験を積んでからは、弁護士になって1年を経過した若手弁護士を集

めて破産管財業務セミナーを開催し、その後裁判所に「セミナーを行ったから管財事件を回してあげてね」などと伝えるということも行っていました。

　破産管財人は、なかなか大変な業務ではありますが、破産申立ての勉強になりますし、そこそこの報酬にもなりますので、機会があれば引き受けることをお勧めします。

　さて、その依頼を受けるときの勘所ですが、まずは就任直後が勝負ということです。

　就任直後に記録を速やかに通読し、その破産事件の概要と注意点を把握し、今後行うべきことと注意点、そしてスケジュールの大枠を作ってしまうことが大切です。

　記録を通読していると、不明な点があったり、そもそも申立てが杜撰なものがあったりします。

　そのような場合は、なるべく速やかに破産者や申立代理人弁護士に書面で質問したり、不足資料の提出を求めることが勘所です。

　時間が経ってしまうと、破産者は申立時の切迫感が薄れ、なかなか回答をくれなくなることがあります。申立代理人の弁護士も、杜撰な申立てを行っておきながら、申し立てたら自分の仕事はおしまいで後は管財人任せとなりがちです。

　喉元過ぎれば熱さを忘れる…と非協力的になられる前に、申立代理人に手抜きを許さないためにも、速やかに不足資料の提出等を求めるようにしましょう。

(2) 裁判所へのまめな報告が勘所

　裁判所は、自分を破産管財人に選任した依頼者であるとともに、重要な行為についての許可権者であり、自分を監督する立場にもあります。

　裁判所がそのような立場にあることを考えれば、破産管財人として法律上求められている文書とは別に、他の事件の依頼者に対するのと同様に、

裁判所にまめに考えや経過を報告するのが破産管財業務をスムーズに遂行する勘所です。

例えば、処理の大枠の方針が固まってきたら、「このようなことを考えていて、このようなことの許可を求める予定です」などと報告しておけば、いざ許可申請した際、特に事情を聞かれることもなく速やかに許可を得られることになるのです。

(3) 集会では債権者への報告・協力要請を心掛ける

破産管財人の立場についてはいろいろな考え方があるようですが、総債権者の代理人と考え、集会での報告等は、裁判所ではなく債権者に向かって行うのが集会や管財業務をスムーズに遂行する勘所です。

実は、前述した私の初めての破産管財人の事件で、3回目くらいの集会で「他に財産も無いようであり、売掛金も回収困難なので放棄して終了に向かいたい」というようなことを裁判所にお願いしたところ、債権者から「どのような調査を行ったのか？」「回収努力が足りないのではないか！」などと私に批判的な意見が出てしまい、裁判所から「では、管財人にはいましばらく調査や請求を継続してもらいましょう」と言われ、続行になったことがあったのでした。その際、債権者への配慮、理解を得るための努力と姿勢が欠けていたと痛感しました。

破産管財人は、債権者からすると申立代理人と混同されて破産者の味方と思われがちです。事務所への電話でも、その点を誤解しているものが多いので、「私は、破産者の代理人ではなく、裁判所から選任された管財人です」と誤解を解くことから始め、集会においては、裁判所ではなく債権者に対して報告することを心掛け、「私が調査した限りでは財産はこのとおりですが、他にも財産があるとの情報をお持ちの方は私までご連絡下さい。調査して実際に財産があれば、回収して皆様への配当に充てますから」と伝えたり、換価に困っている財産があれば、「買い手が見つからず困っています。買い手に心当たりがあれば、債権者の皆様が買って下さっ

ても結構ですが、〇月×日までにご連絡下さい。そこまでに買い手が現れないようであれば、早期の配当のために放棄を考えようと思います」と伝え、破産管財人は債権者の敵ではなく味方です、どうぞ協力して下さい、とお願いするスタイルにしました。

そうしたところ、債権者から敵対視されることはなくなり、いろいろと情報提供や協力も得られるようになりました。また、財産の放棄等を集会で提案してもスムーズに承認を得られるようになったのです。

破産管財人官澤弁護士への解任動議否決さる

暴力団が関係した会社の破産管財人にうっかり選任されてしまったときのこと。

債権回収が困難となった暴力団組員が申立代理人弁護士の事務所に嫌がらせをし、同弁護士が架電訪問禁止仮処分の申立てをしたほどで、債権者集会も大荒れの予想でした。実はその後に殺人事件も起きていました…。

案の定、2名の暴力団関係者が債権者席に陣取り、私を批判するような質問や発言を、破産法の条文も引用しながら繰り返しました。

おっ、勉強しているなと多少感心しつつ、こちらだって判例付き六法の倒産関係の法律・規則部分をバラして通読・勉強してきたのだからと、臆せず約1時間、丁丁発止のやりとりを行いました。

最後に私の解任動議まで出されましたが、裁判所が「債権者の皆さんが決めることだが、裁判所としては官澤弁護士は的確に管財業務を行っていると考えている。また、解任となれば他の弁護士を選任することになり、時間と費用が余分にかかることになる」と発言した後に挙手により採決。

他の債権者はよく見てくれていたもので、2名の暴力団関係者以外はすべて解任に反対で否決されました。

どんな質問をされても怯まぬ準備が大切と痛感しました。
でも、こんな破産の集会はこの1回限りでした！

III
こんな場合にどうする?

1　勝つ見込みの無い事件の依頼を受けたら

1．他の弁護士は勝てると言っていたのですが…

　勝つ見込みの無い事件でも、一括払いではなく分割払い、引越先が見つかるまでの立退き猶予の獲得など、負け筋の和解が依頼者に好ましい場合もありますし、受任して争う意義のある場合は、最初に勝つ見込みが無いことを十分に依頼者に説明し、納得の上で受任するのであれば特に問題はないでしょう。

　ところで、そのような説明をしていると、「他の弁護士は勝つ見込みがあると言っていたのですが…」とねばる相談者がたまにいます。勝つ見込みがある前提で受任して欲しいということなのでしょうが、それに乗って受任してしまうと、後が大変です。

　「私は勝つ見込みが無いと思うので、勝つ見込みがあると言った弁護士に依頼して下さい」とお引き取り願うのが賢明です。

2．先生に頼んで負けたら本望です！

　勝つ見込みの無い事件は、着手金など依頼者の費用と時間を無駄にするだけですので、原則として、上手に説明して諦めさせるのが勘所です。

　しかし、勝つ見込みが無いことを説明しても、「負けても構いません。金の問題ではないのです」「先生に頼んで負けるのであれば本望です！」などと熱く言って、受任して欲しがる相談者もいます。そこまで言うのであれば受任しても問題無いのではないか、着手金も入ることだし…と思えてきて、うっかり受任してしまうこともありました。

　でも、熱かった依頼者も、種々の手続のなかでだんだんと熱が冷めてきて、弁護士を依頼してまで争ったことを後悔することがほとんどです。私も、内心では後味が悪く後悔することに…。

　やはり、勝つ見込みの無い事件は、相談者の気持ちを十分に聞いてあげ

た上で、「諦めて別の道を進みましょう！」などと明るく上手に諦めさせるのが勘所です。

> **ちょっと一言　ちょっと息抜き…ときには笑いを**
>
> 　勝つ見込みの無い事件でも、依頼者には明るく振舞って「諦めた方が自分のためになるのだ」と伝わることが大切です。さて、明るくといえば、私が思わず笑った句を2句。
> 　東日本大震災後、誰もが疲れ切った避難所でクスクス笑いが生じたときの句で、
> 　　「避難所で、誰かが、一発屁をこいた！」
> 　最近、雑誌で読んだ句で、
> 　　「裁判官、お尻を出せば、半ケツ（判決）だ！」

3．質より量のこともある

　前著『弁護士業務の勘所』では、書面も尋問も簡潔かつ裁判官を納得されるものを、と量より質を重視・強調しましたが、勝つ見込みの無い事件を受任したような場合は別です。

　質で勝負しようがないわけですから、依頼者の敗訴判決や負け筋の和解への納得のためにも、また、弁護士に着手金を支払ったことへの納得のためにも、「これだけ自分の言い分を主張してくれたのだ」と思わせるような量となるよう心掛けましょう。

　勝つ見込みの無い事件、負け筋の事件では、質より量のこともあるのです。

2 依頼者が身勝手すぎたら

1．遅い！ 急げ！ と言われたら

　仙台での若手弁護士セミナーの際、「連絡や書面が少し遅れただけでも文句を言うような依頼者にはどのように対応したらよいか？」との質問を受けました。

　質問者からすると、少しくらいの遅れは大目に見て欲しいということなのでしょうが、本書でも強調しているように、時間や期限は守るべきものであり、遅れた弁護士は文句を言われて当然なのです。

　依頼者は、なるべく早くトラブルを解決して欲しいと気を揉んでいます。そのため、連絡や書面の遅れにも敏感になっているのです。依頼者に気を揉まれないように、当たり前のことですが、時間や期限などの約束を守ることです。そうすれば、文句を言われることなどなく、信頼を得ていくのです。

　なお、期限を決めておかないと、弁護士は後回しにしがちになり、依頼者は早い時期から気を揉むことになります。これはトラブルの原因となりますので、どんなことについても期限を決めることが勘所です。前述しましたが、期限を決めればそれまでは催促を受けずに済み、期限の利益を得られることにもなるのです。

　迅速な解決は依頼者の望みです。また、事件が迅速に解決できれば、弁護士にとっても時間の余裕ができ次の事件を受けやすくなります。さらに、迅速に解決してくれる弁護士であるという良い評判にも繋がり、法律事務所の経営上もプラスになるのです。

TVを見ながら待ちたいのですが…

約束の時間より早めに到着した依頼者。

受付担当の事務職員に、TVを見ながら待ちたいとのリクエスト。優勝争いが佳境に入った大相撲が見たかったそうです。

新聞を出すことはありましたが、TVのリクエストは初めて。受付にTVのある法律事務所というのは見たことはありませんし、当事務所の受付にもありませんでした。たまたま、TVのある部屋が空いていたので、大相撲を見ながら時間まで待ってもらったとのこと。

熱中のあまり打合せが後回しにならないかが心配でしたが、結果が気になって打合せに身が入らないよりはいいかと思いました。

2．書面の内容への注文が多い依頼者

依頼者のなかには、経過を整理したメモや各種の資料、相手方の書面への反論メモなどを積極的に作成して届けてくれる人もおり、弁護士としても助かる場合もあります。

しかし、準備書面への無意味な記載や陳述書への感情的表現の記載を注文するようになってくると、弁護士も手を焼くことになってきます。

弁護士職務基本規程第22条では依頼者の意思の尊重が定められており、依頼者の納得のためにも、不利益や害が無いものであれば、依頼者の注文に応じてあげた方がよいのでしょう。

しかし、こちらが勝ち筋の事件で、早めに和解や判決で解決しそうであるにも関わらず、かえって混乱させて長引かせるような不利益なものや、相手方の感情を刺激し、場合によっては名誉毀損と反撃されそうなものは、そのような記載が不利益で有害であることを依頼者に説明して諦めさせなければなりません。

以前は、準備書面は弁護士名義の書面だが、陳述書は依頼者名義の書面

だからと本人のガス抜きのために感情的表現を削除させないことも行われていました。

しかし、最近は、その陳述書を提出しているのは弁護士であるということで、依頼者の陳述書であっても弁護士の責任が問われるケースが増えてきていますので気を付けてください。

なお、契約書の作成を受任した際、本来は違法であることを糊塗して適法に見えるような内容にして欲しいとの注文を受けることもあります。このような注文に応じて契約書を作成すると、弁護士職務基本規程第14条の違法行為の助長禁止に反する恐れがあるので注意しましょう。

記者会見はご自分で！

　事件の内容によってはマスコミの取材に応じたり、記者会見を行わざるを得ない場合もあります。

　依頼者の多くはマイクやカメラを向けられることが苦手なので、代われるものは私が応対することが多いです。

　私は、大学入学直後の昭和52年4月、全国ネットのTVでお昼に放映されていた「ベルトクイズQ&Q」に2日間出演して5人抜きをしたことがあるのですが、それ以来、自分はTVカメラを向けられてもあがらないのだと思うようになりました。しかし、振り返ってみると、当時は入試のために蓄えた知識と、予備校への行き帰りに電車の網棚のスポーツ新聞で蓄えた芸能スポーツ情報で、クイズに自信があったからだったのです。自信が無いときにカメラの前で受け答えをするのは、やはり不安が先立ち緊張するものです。

　裁判の内容や法的見解などについてであれば、もちろん弁護士である私が前面に出ることにやぶさかではありません。

　しかし、企業の社会的責任や政治家の政治的責任について見解を求められるような場合は、私個人の見解を述べるわけにもいかず、経営

者や政治家の方々にご自分の言葉で…とお願いしています。

3．和解に抵抗する依頼者

　弁護士としては和解に応じた方が依頼者のためになると思われるのに、依頼者自身がなかなか納得してくれず対応に困ってしまうという話は時折耳にします。

　依頼者に和解に納得してもらうようにするためには、前著や本書に記載しているように、厳しめの見通しとまめな報告が勘所です。

　しかし、それを行ってきたにもかかわらず、そして裁判所から提示の条項で和解するのが相当で依頼者のためであることを十分に説明しても納得しないのであれば、依頼者の権利義務に関することであり、依頼者が最終決定権を有しているわけですから、和解にこだわらず判決をもらうしかありません。

　その結果、和解よりも依頼者に不利な内容の判決となっても、依頼者の自己責任と言わざるを得ません。

　和解の席で、自分の主張を強く訴えたいと感情的な発言を行いたがる依頼者にも困ります。感情的な発言を強く行っても、それは依頼者の一時的な感情のはけ口にはなるかもしれませんが、相手方を頑なにさせ、裁判官を敵に回し、不利になるだけです。

　ですから、弁護士はそれを依頼者に説明して行わせないようにすべきですが、どうしても発言したいというのであれば、発言を止めることは困難です。その場合は、弁護士は不本意なのだという表情で聞いているしかないでしょう。その表情で、裁判官にはガス抜きで発言させているとわかってもらえるはずです。

　依頼者の納得が不十分なまま、しぶしぶ和解を成立させた場合、和解が成立した後も不満を述べて相手方と約束した金員の支払等の条項を履行しないといったケースもないわけではなく、相手方から弁護士にクレームが

くることもあり辛いものです。

　そのような場合は、依頼者に対し、相手方から強制執行される恐れがあること、取引銀行の預金差押えを受けるとダメージが大きいことなどを説明しながら履行をすすめ、それでも履行しないのであれば、相手方からの強制執行等の成り行きに任せるしかないでしょう。

相手方への和解金を預かっているのに依頼者が変心…

　　　　　　依頼者から預かっている金員を相手方に支払う旨の和解が成立。

　ところが、依頼者が変心して「相手方への支払を行うな！」と言ってくると弁護士は苦境に立つことになります。

　支払を強行すれば依頼者からクレームを受け、遅滞すれば相手方からクレームを受け、進退きわまります。

　そのような場合は、相手方弁護士に状況を率直に告げ、暗に債権差押えを促しましょう。

　私は、相手方弁護士を第三債務者とする相手方から相手方弁護士への預り金返還請求権を和解調書で債権差押えし、相手方弁護士を苦境から救ったことがありました。

Ⅲ　こんな場合にどうする？

3　依頼者がクレーマーになったら

１．依頼者をクレーマーにしないために

　弁護士数の増加により弁護士の敷居が低くなり、一般の人が法的な問題で困った場合に気軽に相談しやすくなってきたことは良いことなのですが、以前に比べてクレームも言いやすくなってきていることには注意を要します。

　依頼者のなかには、法的な問題についてネットなどによる情報収集を行う人も多くなってきているため、弁護士のミスにも気づきやすくなっており、弁護過誤の損害賠償請求が増えているそうです。

　また、自分は弁護士賠償責任保険に入っているから大丈夫と思いがちですが、その金額への不満や弁護士への感情的な不満で、保険を超えた金額を請求する訴訟も増えつつあるそうですので注意を要します。

　ミスをゼロにできればよいのですが、弁護士も人間ですので、それは困難です。また、ミスがなくとも弁護士の対応に不満を持ってクレームになるということも起こります。

　そのようなことを防ぐ勘所は、ミスを減らす事務所の仕組み作りと、ミスが生じても拗れないように、クレームを受けないように、本書で述べてきたような依頼者へのまめな報告等により、依頼者との良好なコミュニケーションを構築・維持することなのです。

２．しつこいクレームを受けたら

　依頼者のなかには、依頼した事件の結果や事務所の対応、弁護士の対応などに不満を持ち、電話や来所してクレームをしつこく言ってくる人もいます。

　もちろん、事務所や弁護士の方にミスがあるのであれば、それに応じた損害賠償や謝罪を行わなければなりません。しかし、ミスと言えるほどの

ものはなく、見通しの説明や経過の報告といった点の対応に不満を持たれている場合は、対応に悩むものです。

　依頼者ですので無下に断るわけにもいかず、かといって電話や面談で話してもなかなか納得してくれず、お互いに同じことの繰返しも多くなります。

　そのような場合、まずは1回まとまった時間を取り、不満を丁寧に傾聴してあげることです。その上で、依頼者に誤解があれば丁寧に誤解を解き、落ち度があればその点について謝罪し、何とか不満を解消してもらうように努めましょう。

　それでも、その後、電話や来所が続くようであれば、あとはキッパリと断るしかありません。

3．弁護士会に苦情を言うぞ

　依頼者のなかには、「弁護士会に苦情を言うぞ」とか、「懲戒申立てをするぞ」などと脅すようなことを言ってくる人も稀にいます。

　そのようなことをされるのは気持ちのよいことではありませんが、弁護士が「言わないでくれ、申立てはしないでくれ」などと言うと、ここが弱点かと思われ、さらに責め立てられることになります。

　クレームに対して前述のような誠意ある対応を行っても、そのようなことを言われた場合、申立てして下さいとまでいう必要はありませんが、「それは仕方ありませんね」と話を終えるしかありません。

　あとはその手続のなかで、堂々と自らの考えを主張することです。

4．所長を出せと言われたら

　私は、官澤綜合法律事務所の所長なので、私に対するクレームについて「所長を出せ！」と言われることはありません。

　しかし、私以外の弁護士や事務職員に対するクレームを受けるとき、初めはその本人が対応することが多いのですが、そのうち「所長を出せ！」

と言いだす依頼者もおり、どの段階で所長が出るかが問題となります。

これは、会社で「社長を出せ！」と言われたら、どの段階で社長が出るのかと同様の問題です。

所長が出た方が良い場合もあるのですが、事実関係を十分に把握しないまま所長が対応すると、かえって不適切な対応となる恐れがあります。また、所長の発言は法律事務所のトップの発言として最終のものとなり、その後の変更がしにくくなります。

そこで、逃げるわけではありませんが、「所長を出せ！」と言われても、まずはクレームを受けた本人が、上司（副所長や部長）・所長と協議の上で対応します。それでも解決しない場合は、本人、上司及び所長の会議で事実関係の把握と対応方針を決め、次に上司が対応して事務所としての考えや解決案を伝えます。なおも解決しない場合には、従前の解決案どおりでいくか多少変更するかを再度協議し、最終的に所長が満を持して対応、事務所としての解決の最終結論を伝える、という手順がよいのではないかと思います。

とはいえ、なるべくそのようなことは起きないようにしたいものです。

4　依頼者と連絡が取れなくなったら

1．依頼者が連絡をくれない

　時折ですが、依頼者のなかには、引っ越したわけでもなく、こちらからの連絡は届いているはずなのに、返事の連絡をくれなくなる人がいます。

　弁護士や事務所に対する不満があって連絡をくれない場合もありますし、約束した資料や金銭の準備ができないために連絡をくれない場合もあります。

　そのような場合、依頼されている事件の処理をどのようにしたらよいか悩ましいところですが、次のように整理すればよいのではないかと考えています。

　なお、委任契約前であれば、委任契約を締結する意思をなくした、依頼する意思をなくしたと考えるしかありませんので、以下の対応は、いずれも委任契約締結後であるということが前提です。

① 　着手金の入金がなく、申立て前である場合

　　一定期間を設けた辞任予告書を送り、その期間内に連絡がなければ辞任する。

② 　着手金の入金があり、申立て前である場合

　　着手金の処理が悩ましいのですが、早い段階で連絡をくれない理由の問合せを行い、依頼者が依頼する意思や弁護士への信頼を喪失したといった事情があるようであれば、着手金を返金して辞任する。依頼者側の準備の遅れが理由のようであれば一定期間は待ち、長期間準備が整わないようであれば着手金を返金して辞任する。

③ 　着手金の入金がなく、申立て後である場合

　　一定期間を設けた辞任予告書を送り、その期間内に着手金の入金も連絡もなければ辞任する。

④ 　着手金の入金があり、申立て後である場合

早い段階で連絡をくれない理由の問合せを行い、依頼者が依頼する意思や弁護士への信頼を喪失したといったような事情があり、手続の継続が依頼者の意思に反するような場合は、辞任予告書を送り、着手金を清算の上で辞任する。他の場合は、手続を最後まで続ける。

2．依頼者が行方不明

依頼者が、借金や仕事、家族関係等に悩み、行方不明になってしまうこともあります。依頼者が行方不明になると、打合せもできずに大変ではないかと思われますが、実は他の項目に書いたような難しい依頼者と打合せや調整をしながら手続を進行することの方が大変です。打合せができないなかでの最善の主張・立証を行っていけばよいのであり、良い結果が得られなくとも、それは行方不明になった依頼者の責任なのです。

なお、依頼者が行方不明の場合は、辞任、すなわち委任契約の解除の意思表示の通知の方法が問題となりますが、民法第97条の到達主義は任意規定と解されていますので、委任契約書に「依頼者が行方不明になった場合は委任契約書に記載の住所に郵送すれば足りる」旨の条項を設けておけば（サンプル7の当事務所の「委任契約書」では第5条に同趣旨の条項を設けています）、その条項に基づいて処理すれば足りることになります。そのような条項が無い場合は、厳密に言えば民法第98条の公示による意思表示の方法によることになろうかと思います。

また、私は、依頼者が行方不明となってしまった場合の対応については、次のように整理すればよいのではないかと考えています。

① 申立て前の場合

辞任し、着手金を受領していたのであれば、清算して返金できるように預かっておく。

② 着手金の入金がなく、申立て後である場合

一定期間を設けた辞任予告書を送り、その期間内に着手金の入金も連絡もなければ辞任する。

③ 着手金の入金があり、申立て後である場合

　手続の継続が依頼者の意思に反するような事情がある場合は、辞任して着手金を清算して返金できるように預かっておく。他の場合は、淡々と手続を最後まで続ける。

失踪宣告取消しの審判は得たのに、本人の放浪で死亡のまま…

　相続人の1人が7年以上生死不明で遺産分割に支障があり、失踪宣告により死亡したものとみなして遺産分割協議を終えました。しかしその直後に、本人が生存していることが判明！

　さっそく失踪宣告取消しの申立てをして審判を得たものの、本人は遺産であるお金を受け取った直後に再び放浪の旅へ。

　役所の戸籍係に失踪宣告取消審判を持参して届出に行ったところ、「本人が出頭して届出をしないと受理できない」と言われ、本人の戸籍上は死亡のまま…。ま、仕方ないか…。

3．依頼者が死亡

　依頼者が死亡しても、民事訴訟法第58条1項一号で訴訟代理権は消滅しませんので、承継した相続人に解任されない限り、従前どおりに手続を遂行することになります。

　事情を知っている本人が死亡したことで、事実関係の調査に支障が生じることにはなりますが、これは、当事者が死亡して相続人が依頼者となった事件でも生じる問題です。

　また、実際に立ち会った本人の尋問ができなくなるので、相手方本人が尋問の際に言いたい放題となるデメリットもあります。一方で、もし本人に尋問されたら言わざるを得ないような弱みを言わせないで済むという、

逆のメリットもあります。

 **貸主死亡で言いたい放題の借主について
保証人からの密告**

　　　貸主が死亡した貸金請求訴訟を、相続人からの依頼で受任しました。借主と保証人を被告として提訴したところ、借主は、貸主死亡をよいことに言いたい放題の反論。それを崩せると思ってはいましたが、借主の財産を見つけられず現実的な回収には暗雲が。

　ところが、法廷での言いたい放題で勢いがついたのか、借主が保証人に、「俺は別名義で財産を隠しているから安心だ。保証人のお前が払え」というようなことを言ったそうで、怒った保証人が私に、借主がどのように財産を隠匿しているかという密告の電話をかけてきました。

　その情報により裁判所で有利な和解ができて早期回収に成功！　油断しての言いたい放題は危険です！

5　セミナーの依頼を受けたら

1．セミナーは広告と思え

　私は、弁護士になった直後から専門学校や企業等から依頼されて講義やセミナーを行っており、もともと教えるのが好きなこともあり弁護士5年目頃から現在に至るまで、年間合計200時間程度ずつ担当しています。人数は最小2名～最大1000名と様々でした。

　好きで教えてはいるものの準備は大変ですので、一時は講師料が低すぎるものは断ろうと考えたこともありました。

　しかし、広告のためにセミナーを開催する企業も少なくなく、そういった企業がかけている集客の手間や費用を考えると、セミナーは私や事務所の広告にもなっているわけであり、会場設営や集客も行ってもらった上、講師料までいただけるとはありがたいことだと考えを改めました。

　実際に、依頼者のなかには何年も前の私のセミナーや講義の受講生もおり、「セミナーを聞いてから、いつかは先生に頼みたいと思っていました！」などと言われると講師冥利につきるものです。

　セミナーの講師の依頼を受けると準備は大変ですが勉強にもなり、広告にもなって講師料もいただけるのですから、依頼を受けた場合は、教えるのが苦手な方以外は喜んで引き受けましょう。

 名刺を一生の宝物にします！

　　高校の先輩が、私にセミナーの講師を依頼したいという主催者の中年女性を連れて来所しました。

　名刺交換の後、日時や場所、どんな人たちが集まり、どんな内容の話がよいのか、質疑の時間は設けるかどうかなどをざっくばらんに20分程度打合せました。

その帰り際、「昨夜は緊張で眠れませんでした。今日はとても感激しました。いただいた名刺は一生の宝物にします！」とのこと。

紹介してくれた高校の先輩が恐いこともあり、当事務所で一番立派な部屋に通したことも影響したのかもしれませんが、人生経験豊富そうなベテランの女性にそのようなことを言われ、むしろ私が驚きました！

弁護士の数は増えたとはいえ、まだ多くの人たちにとって法律事務所に来所するということは、清水の舞台から飛び降りる思いなのだなと再確認しました。

そんな依頼者の期待に応えられないようでは男が廃る！　と、セミナーに向けて気合いを入れ直しました。

2．良いセミナーにするために

セミナーの依頼者、そして受講生に満足してもらえる良いセミナーにするためには、何といっても入念な準備と適切なレジュメの配布が欠かせません。

依頼者であるセミナーの主催者は、レジュメの原稿を気を揉みながら待っていることもあるので、締切を守って送りましょう。また、遅刻したら多大な迷惑をかけることになりますので、余裕をもって会場に着けるようにしましょう。そして、配布物や会場のチェックをすれば万全です。

主催者は、講師に気を使ってセミナー前や休憩時間に接遇しなければと思っている人が多いようです。しかし、私は、セミナー前は最後の準備があり、休憩時間は居眠り等で1人にして欲しいため、主催者に「1人にしておいて下さい」とお願いすることにしています。丸一日の講義を何年も行っているところでは、昼休みには「講師昼寝中。お静かに」との張り紙を講師控室に貼ってくれていました。

セミナーの初めには、「居眠りはOKですが、周りの人の迷惑になるの

で私語とイビキはご遠慮下さい」とお願いしています。一度、知人が一番前でイビキをかいていたときは、周りの人がクスクス笑いだしたので隣の人に起こしてもらいました。

> **ちょっと一言**
>
> **専門学校での講義の際のにらみ合い**
>
> ある法律関係の専門学校での講義でのこと。
> 民法の講義をしていたところ、多少ツッパリ気味の受講生の隣の席にやはりツッパリ気味の友人らしい男がやってきて何やらヒソヒソ話。周りの受講生も気になっている様子。
> そこで、「何か急用？ 話があるなら教室から出て廊下でやってくれないか。お金を払って私の講義を聞きに来ている人たちの邪魔になるので」と言ったところ、友人らしい男が立ち上がり私をにらみつける。私も引かずににらみ返す！
> 一瞬の緊迫の後、友人らしい男は廊下に退室。
> 受講生に「君は廊下に行かないのか？」と聞いたら、「すみませんでした。先生の講義を聞かせて下さい」で幕。
> その後、なぜかその受講生になつかれ、何回か飲みに行く仲になりました。

3．喜んでもらいたい気持ちが大切

若手弁護士セミナー後の懇親会の際、講談のように面白かったとの感想を言われたことがありました。

私の一生を決定付けた東京大学の三ケ月章先生は、「私の講義は講談ではない！」と言って遅刻した学生を叱っていましたが、その講義は講談のように面白かったことを思い出しました。

私は、落語や講談、綾小路きみまろが好きで、そのようなセミナーや講

義を目指しています。なので、講談のように面白かったというのは、私にとっては最高の褒め言葉でした。

　喜んでもらいたい気持ちを持っていると、その気持ちは相手に伝わり喜んでもらえるようなセミナーや仕事ができるのではないかと思っています。

　アンコールが出るような講義をしたい！　でも、受けを狙いすぎると滑りますが…。

見習いたい自動車教習所の講師の神対応

　読んでいて、思わず感動の涙が流れた新聞記事がありました。

　とある運転免許更新の講習での話です。やむなく幼い子供を連れて講習を受けなければならなかった母親が、周りの目を気にしながら針のむしろにいるような気持ちで30分過ごさねばと思っていたところ、一見ぶっきらぼうに見えた講師が『今日はここに小さい子どもさんを連れたお母さんがおられます。この厳しい世の中で必死に子育てをがんばっているところです。子どもというのは声が出るものです。私は負けない大きな声でお話するつもりです。どうぞ温かいご理解をお願いいたします。』とアナウンスしたというのです（平成27年11月2日付朝日新聞朝刊）。母親は、講師のこの言葉にとても救われたことでしょう。

　私がセミナーや講義でこのような場面に遭遇することはなかなかないとは思いますが、法律事務所に子連れで来所する相談者や依頼者には、優しい配慮を心掛けたいものです。

おわりに

　近年の人工知能の発達にはめざましいものがあり、弁護士や裁判官も取って代わられるのではないかなどという人もいます。
　事実が確定しているのであれば、そして従前の判例や通説のままの結論であれば、人工知能の方が迅速に判断できるでしょう。しかし、争いがある事件では、事実をどう認定するか、従前の判例や解釈を変えるかどうかが問題なのであり、その判断を人工知能が行うことはできないのではないかと思っています。
　また、法的トラブルは、迅速に結論が出れば良い解決になるとは限らず、その結論を当事者に納得してもらえるように、合理的とは限らない依頼者の感情に寄り添って良い解決に導いていくことが必要であり、それは人工知能にはできないことです。依頼者にとって良いと思われる解決の納得に向けて、理屈ではない依頼者の感情のコントロールや心のケアを上手に行っていくのが弁護士の腕の見せ所であり、人工知能に取って代わられることのない分野だと思います。
　しかし、依頼者に当初説明した見込みどおりに進まない事件も少なくないため、弁護士として良い仕事を行っていくためには、事前の十分な調査と準備、適切な見込みの説明、まめな報告で依頼者と良好なコミュニケーションを構築・維持し、依頼者の信頼と納得を獲得していくことが大切だと痛感しています。
　そのために、事件類型に応じた勘所をお伝えしたいと思い本書を書き上げました。少しでも皆様のお役に立てれば幸いです。
　最終段階で遅れ気味の原稿を上手に督促・構成を考えていただいた第一法規株式会社編集部の草壁岳志氏・鈴木由真氏・秀嶋紗千子氏、原稿を通読して貴重な意見をいただいた第69期司法修習生の村松篤君に感謝し、筆を置きます。

《執筆者プロフィール》
官澤　里美（かんざわ・さとみ）

　昭和32年仙台市生まれ。昭和58年東京大学法学部卒業、同年司法試験合格。昭和61年弁護士登録（仙台弁護士会）。平成4年、仙台市内に官澤法律事務所開設（現・官澤綜合法律事務所）。平成16年4月仙台弁護士会副会長（～平成17年3月）、東北大学法科大学院教授。平成18年10月日本司法支援センター宮城地方事務所副所長（～平成20年10月）。現在、東北弁護士会連合会裁判官選考検討委員会委員長。仙台弁護士会司法修習委員会委員長。

―――― サービス・インフォメーション ――――
―― 通話無料 ――
①商品に関するご照会・お申込みのご依頼
　　　　TEL 0120(203)694／FAX 0120(302)640
②ご住所・ご名義等各種変更のご連絡
　　　　TEL 0120(203)696／FAX 0120(202)974
③請求・お支払いに関するご照会・ご要望
　　　　TEL 0120(203)695／FAX 0120(202)973

●フリーダイヤル（TEL）の受付時間は、土・日・祝日を除く
　9：00〜17：30です。
●FAXは24時間受け付けておりますので、あわせてご利用ください。

事件類型別・依頼者対応の勘所
〜選ばれる弁護士になるために〜

平成28年10月10日　初版発行

著　者　官　澤　里　美
発行者　田　中　英　弥
発行所　第一法規株式会社
　　　　〒107-8560　東京都港区南青山2-11-17
　　　　ホームページ　http://www.daiichihoki.co.jp/

装　丁　篠　　隆　二

依頼者対応勘所　ISBN978-4-474-05588-9　C3032　(9)

©2016 Satomi Kanzawa